Thorsten Schleif

ENDLICH RICHTIG ENTSCHEIDEN

Thorsten Schleif

ENDLICH RICHTIG ENTSCHEIDEN

Der Richter verrät seine besten Strategien

riva

Bibliografische Information der Deutschen Nationalbibliothek
Die Deutsche Nationalbibliothek verzeichnet diese Publikation in der Deutschen Nationalbibliografie. Detaillierte bibliografische Daten sind im Internet über http://d-nb.de abrufbar.

Für Fragen und Anregungen
info@rivaverlag.de

Originalausgabe
1. Auflage 2020

Nymphenburger Straße 86
D-80636 München
Tel.: 089 651285-0
Fax: 089 652096

Redaktion: Dr. Annalisa Viviani, München
Umschlaggestaltung: Marc-Torben Fischer, München
Umschlagabbildung: Amanda Dahms, Köln
Satz: abavo GmbH, Buchloe
Druck: GGP Media GmbH, Pößneck
Printed in Germany

ISBN Print 978-3-7423-1439-0
ISBN E-Book (PDF) 978-3-7453-1098-6
ISBN E-Book (EPUB, Mobi) 978-3-7453-1099-3

Inhalt

Für Kira und Rhona

Trefft eure eigenen Entscheidungen!

Vorbemerkung: ein Geständnis

Es sind nicht unsere Fähigkeiten, die zeigen, wer wir wirklich sind.
Es sind unsere Entscheidungen.

Albus Percival Wulfric Brian Dumbledore (1881–1997)

»So, das war's! Vielen Dank, Herr Schleif, dass Sie sich die Zeit genommen haben!« Die freundliche Journalistin verstaut das Aufnahmegerät, Block und Stift in ihrer Handtasche. »Ach, eine Frage habe ich doch noch: Wie viele Verfahren entscheiden Sie überhaupt pro Jahr?« Ich überlege laut: »Jährlich etwa 400 Strafverfahren, hinzu kommen die Entscheidungen im Eildienst über psychiatrische Unterbringungen, Haftbefehle und die Fortdauer von Polizeigewahrsam.« Es entsteht eine kurze Pause. »Wow«, sagt die Journalistin schließlich. Dann fügt sie grinsend hinzu: »Entscheidungsschwäche ist wohl kein Thema für Sie. Sie mögen Entscheidungen, oder?«

Gleich zu Beginn dieses Buches möchte ich ein Geständnis ablegen: Ich mag Entscheidungen nicht nur, ich liebe Entscheidungen! Dies ist ohne jeden Zweifel ein Grund für meine Berufswahl gewesen. Schon immer haben mich Entscheidungen fasziniert. In der Schule war Geschichte mein Lieblingsfach. Julius Cäsar entscheidet, mit seinen Legionen den Rubicon zu überschreiten. Martin Luther entscheidet, die berühmten 95 Thesen an die Wittenberger Schlosskirche zu schlagen. Winston Churchill entscheidet, nicht in Verhandlungen mit Adolf Hitler einzutreten. Und John F. Kennedy entscheidet gegen einen Angriff auf Kuba und damit gegen den Dritten Weltkrieg. Die Geschichte der Menschheit ist eine Geschichte bedeutender Entscheidungen.

Bereits in der Schule wollte ich verstehen, warum wir so entscheiden, wie wir entscheiden. Wie kommt eine Entscheidung zustande? Warum fällt es einigen Menschen anscheinend leichter, Entscheidungen zu treffen, als anderen? Kann man lernen zu entscheiden? Was macht eine gute Entscheidung aus?

Im ersten Semester meines Jura-Studiums hatte ich das große Glück, eine Studentin der Psychologie kennenzulernen, eine kleine, schlanke Frau voller Energie. Schon bei unserem ersten Treffen kritisierte sie lautstark, dass Entscheidungspsychologie nicht Teil des juristischen Studiums sei: *»Ist doch verrückt, oder? Ihr Juristen trefft Entscheidungen, ohne zu wissen, wie es geht!«* Ich dachte einige Tage sehr genau über ihre Worte nach. Bei unserem nächsten Treffen fragte ich, ob sie mir ein Buch zu diesem Thema empfehlen könne. Seit dieser Zeit habe ich Bücher, Artikel und Aufsätze, die sich mit Entscheidungspsychologie befassen, mit größtem Interesse gelesen. Auf diesem Gebiet der Psychologie sind in den letzten 20 Jahren erstaunliche Erkenntnisse erzielt und veröffentlicht worden, die unser Verständnis vom menschlichen Entscheidungsprozess grundlegend verändert und erweitert haben. Zu erwähnen sind insbesondere die Werke von Daniel Kahneman, Amos Tversky, Gerd Gigerenzer, Dan Ariely und Walter Mischel.

Nach meinem Eintritt in den Richterdienst bot sich ausreichend Gelegenheit, die in der Entscheidungspsychologie entwickelten Theorien und gezogenen Schlussfolgerungen in der Praxis zu prüfen. In den vergangenen zwölf Jahren habe ich mehr als 5000 Zivil- und Strafverfahren entschieden. Hierbei habe ich Entscheidungen über Freiheitsstrafen von zusammengezählt mehr als 1000 Jahren, Geldstrafen und Geldauflagen von vielen Hunderttausend Euro, Arbeitsauflagen von mehreren Tausend

Stunden getroffen sowie über Zahlungsansprüche von vielen Millionen Euro entschieden.

Die Quintessenz dessen, was ich in den vergangenen 20 Jahren über Entscheidungen gelernt habe, ist in diesem Buch dargestellt, erläutert an zahlreichen Beispielen und Erlebnissen und versehen mit wertvollen Tipps.

Da wir gerade über Entscheidungen sprechen: Liebe Leserinnen, wegen des besseren Verständnisses habe ich mich dazu entschieden, überwiegend die männliche Form zu verwenden. Fühlen Sie sich bitte überall mit berücksichtigt und angesprochen!

Einleitung: Ich kann mich nicht entscheiden!

Das Schlimmste in allen Dingen ist die Unentschlossenheit.
Napoleon Bonaparte (1769–1821)

»Wie würdest du entscheiden?« Der Fall, den mir meine Kollegin soeben geschildert hat, hat es in sich. Ein mutmaßlicher sexueller Missbrauch in einer Beziehung. Der Beschuldigte soll seiner – mittlerweile ehemaligen – Freundin auf einer Party K.-o.-Tropfen in ihren Cocktail geträufelt und sie später zu Hause unter dem Einfluss dieses Mittels sexuell missbraucht haben. Seine Ex-Freundin, das mutmaßliche Opfer, kann sich kaum noch an den Abend erinnern. Der Angeklagte bestreitet den Vorwurf. Die Aussagen der anderen Partygäste widersprechen sich teilweise erheblich. Einige schildern, die Freundin sei »völlig normal« gewesen, als sie mit ihrem Freund die Party verlassen habe, andere berichten, sie habe »irgendwie benommen« gewirkt. Meine Kollegin ist ratlos: »Was sagst du? Ich kann mich nicht entscheiden ...«

Wie würden Sie entscheiden? Nehmen Sie den von seiner Ex-Freundin als Vergewaltiger beschuldigten Mann in Untersuchungshaft oder lassen Sie ihn laufen? Setzen Sie eine Freiheitsstrafe von zwei Jahren wegen Raubes zur Bewährung aus oder schicken Sie den Angeklagten ins Gefängnis? Bringen Sie die selbstmordgefährdete junge Frau in einer geschlossenen Klinik unter oder darf sie nach Hause gehen? Diese Entscheidungen prägen meinen Alltag. Welche Art von Entscheidungen treffen

Sie? Unsere Welt besteht aus Entscheidungen, sie erwarten uns jeden Tag, rund um die Uhr und überall. Nicht immer sind sie so schwerwiegend wie in dem eingangs geschilderten Fall – in manchen Situationen sind sie jedoch viel gravierender. Man nimmt an, dass Sie und ich täglich etwa 20 000 Entscheidungen treffen, das sind etwa ebenso viele Entscheidungen wie Atemzüge. Überrascht? Schauen wir uns einmal einen ganz gewöhnlichen Morgen an. Der Wecker klingelt. Entscheidung Nr. 1: *ausschalten oder klingeln lassen?* Diese Entscheidung fällt noch leicht, dafür sorgt schon der nervtötende Ton des Weckers. Entscheidung Nr. 2: *aufstehen oder noch mal umdrehen?* An dieser Stelle scheiden sich bereits die Geister: Ich habe Freunde, die den Wecker an jedem Morgen bis zu fünfmal mit der Schlummerfunktion ruhigstellen, das heißt, schon hier zehn Entscheidungen mehr treffen, als wenn sie beim ersten Klingeln aufstehen würden. Denn sie müssen die Entscheidung Nr. 1 (*ausschalten oder klingeln lassen?*) und die Entscheidung Nr. 2 (*aufstehen oder noch mal umdrehen?*) bei jedem Klingeln erneut treffen. Entscheidung Nr. 3: *in Hausschuhen oder barfuß aus dem Zimmer?* Entscheidung Nr. 4: *zuerst in die Küche oder ins Bad?* Entscheidung Nr. 5: *Licht im Flur an oder aus?* Haben Sie mitgezählt? Bis zu diesem Moment sind es bereits zwischen fünf und – falls Sie sich auch auf einen Kampf mit dem Wecker einlassen – 15 Entscheidungen, die jeden Morgen getroffen werden müssen. Noch vor dem ersten Kaffee! Und ich verzichte an dieser Stelle auf die Schilderung der schrecklichsten Entscheidungssituation eines Morgens: die Qual der Wahl vor dem geöffneten Kleiderschrank … Der Tag fängt ja gut an.

Und er geht auch so weiter. Ganz gleich, ob im Büro, im Supermarkt, im Fitnessstudio oder im Restaurant: Entscheidungen lauern überall! Ist das ein Stress! Früher war alles viel einfacher, was in diesem Fall sogar stimmt. Denn die heutige Angebotsvielfalt in jedem unserer Lebensbereiche verursacht einen extremen Entscheidungszwang. Je größer das Angebot ist, desto mehr Entscheidungen sind zu treffen. Die moderne Technik, insbesondere unsere Smartphones, eröffnen uns eine nahezu unbegrenzte Angebotsvielfalt, und zwar zu jeder Zeit. Ausgeklügelte Algorithmen, sogenannte Cookies, ermitteln unsere Interessen, bieten stets präsente Optionen und animieren uns zu – vermeintlich notwendigen – Entscheidungen. Ist die angezeigte Nachricht für mich interessant? Soll ich sie öffnen? Und die beworbene Winterjacke? Ein gutes Angebot, letzte Woche habe ich doch genau danach gesucht. Kaufe ich sie? So etwa sehen unsere Gedanken aus, wenn wir »nur mal kurz« auf unser Smartphone blicken. Vor 2000 Jahren, ja sogar noch vor wenigen Jahrzehnten, waren das Angebot und damit auch die Entscheidungsnotwendigkeiten um ein Vielfaches kleiner.

Zusammengefasst lässt sich feststellen, dass jeder von uns mehr Entscheidungen trifft als Napoleon, Alexander der Große und Julius Cäsar in einem ganzen Monat getroffen haben. Und das bereits dann, wenn wir nur einen Supermarkt besuchen – was wahrscheinlich der eigentliche Grund dafür ist, dass Julius Cäsar nie im Supermarkt eingekauft hat, jedenfalls wurde er nie in einem gesehen.

Unsere Entscheidungskraft wird aufgezehrt von einer Unmenge zwar unwichtiger, aber allgegenwärtiger Entscheidungen. Zum Beispiel den Entscheidungen, ob und wie auf WhatsApp-, E-Mail- und SMS-Nachrichten geantwortet werden soll. Allein per WhatsApp werden 60 000 000 000 (60 Milliarden) Nachrichten verschickt. An jedem einzelnen Tag! Dazu kommen

– nur in Deutschland – jährlich etwa zehn Milliarden SMS. Im Durchschnitt sind es für jeden von uns 55 Nachrichten an jedem Tag. Jede einzelne WhatsApp-Nachricht, die wir empfangen, erfordert mindestens die Entscheidung, sie zu lesen oder zu ignorieren. Und mit jeder WhatsApp-Nachricht, die wir versenden, verlangen wir dem Adressaten jedenfalls diese eine Entscheidung ab. Es ist daher nicht verwunderlich, dass wir uns entscheidungsmüde fühlen. *»Ich kann mich nicht entscheiden!«* ist zugleich einer der häufigsten und einer der quälendsten Gedanken, die uns belasten.

Unentschlossenheit, Entscheidungsmüdigkeit, fehlende Entschlusskraft, Entscheidungsschwäche – viele Umschreibungen desselben Problems. Ist es ein typisches Problem unserer modernen Gesellschaft? Es sprechen viele Gründe dafür, wie im Einzelnen noch dargelegt wird. Gleichwohl gibt es auch Stimmen, die behaupten, allgemeine Unentschlossenheit habe es bereits in vielen Generationen vor uns gegeben. Es ist aber weder Trost noch Hilfe zu wissen, dass auch in früheren Generationen Menschen unter Entscheidungsschwäche gelitten haben. Die derzeit überall zu beobachtende Unentschlossenheit ist eine Schwierigkeit, der wir uns dringend stellen müssen. Denn sie hat gewaltige Probleme zur Folge. Probleme, die sowohl den Einzelnen als auch die Gesellschaft als Ganzes betreffen:

- Entscheidungsstillstand in einem Unternehmen (*decision paralysis*) lässt den Anschluss an den Markt verlieren; der wesentliche Schritt, den man der Konkurrenz voraus sein muss, wird eingebüßt.
- Fehlende Entschlusskraft in der Politik verursacht massiven Vertrauensverlust der Bürger in den Staat.

- Entscheidungsschwäche führt regelmäßig zu persönlicher Unzufriedenheit und wird von vielen Psychologen im Zusammenhang mit Depressionen beobachtet.
- Unentschlossenheit verhindert, dass ein Mensch sein Potenzial ausschöpft, und lässt ihn hinter seinen Möglichkeiten zurückbleiben.

Immer mehr Menschen haben das Gefühl, immer schlechter entscheiden zu können. Entscheidungen – nicht nur unbequeme – werden aufgeschoben und vermieden. Wir weichen ihnen nur allzu gern aus. Das ist der Grund, warum Persönlichkeiten, die in der Lage sind, Entscheidungen zu treffen, nicht nur respektiert, sondern geradezu bewundert werden. Mit Begriffen wie Entschlusskraft und Entscheidungsstärke verbinden wir Namen wie Winston Churchill, Helmut Schmidt und John F. Kennedy ebenso wie Warren Buffet, Lee Iacocca und Steve Jobs. Erstaunlich ist, dass Persönlichkeiten wie Churchill, Schmidt und Kennedy aufgrund ihrer Entscheidungsstärke heute noch viel mehr respektiert und bewundert werden, als sie es zu ihrer Regierungszeit jemals wurden. Ich teile die Bewunderung für diese Charaktere. Es sind Persönlichkeiten, die vor allem ein gemeinsames Element auszeichnet: Sie haben Entscheidungen getroffen. Bedeutende, verantwortungsvolle, konsequente Entscheidungen. Ich erwähne das ausdrücklich, um nicht in den Verdacht zu geraten, ich hätte vor den beeindruckenden Entscheidungen dieser Personen keinen Respekt, wenn ich Ihnen nun etwas Erstaunliches eröffne: Jeder Mensch verfügt von seiner Geburt an über dieselben Voraussetzungen, um Entscheidungen zu treffen, mit denen ein Wirtschaftsimperium aufgebaut, eine Unternehmensinsolvenz abgewendet, eine terroristische Bedrohung bewältigt, ein Weltkrieg überlebt und ein Atomkrieg verhindert werden kann. Ja, jeder Mensch. Auch Sie!

Entscheiden wollen, entscheiden können

Das menschliche Gehirn ist von Natur aus mit beeindruckenden Systemen ausgestattet, die *jede* Entscheidung treffen können. Jedoch sind diese Systeme, ihre Funktionsweise, ihre Stärken, aber auch ihre Schwächen nur wenigen Menschen vertraut. Wie trifft unser Gehirn eine Entscheidung, welche Umstände beeinflussen unsere Entscheidungsfindung, wie erkennen wir typische Entscheidungsfehler und – was noch wichtiger ist – wie vermeiden wir sie? Diesen Fragen widmet sich der zweite Teil dieses Buches. Ja, erst der zweite Teil, denn so wichtig das Wissen um dieses Vermögen auch ist, gebührt der erste Platz dem Fundament jeder Entscheidung, dem Entscheidungswillen.

Das größte Können nutzt nicht, wenn der Wille fehlt. Ein Fußballspieler mit perfekter Technik, großartigem Ballgefühl und einer Bombenkondition ist völlig nutzlos für eine Mannschaft, wenn er nicht spielen will. Die Ursache für Entscheidungsschwäche, Unentschlossenheit und Entscheidungsmüdigkeit ist stets ein fehlender Entscheidungswille. Anders formuliert: Wer nicht entscheiden will, der wird auch nicht entscheiden, selbst wenn er kann. Warum einige Menschen einen starken Entscheidungswillen haben und andere nicht, ob und wie sich dieser Wille trainieren lässt, was ihn stärkt und was ihn schwächt, diese Fragen beantwortet der erste Teil des Buches.

Die Fähigkeit, eine Entscheidung zu treffen, ist vielleicht die wichtigste Fähigkeit, über die wir verfügen. Daher liegt es in unser aller Interesse, diese Fähigkeit fortlaufend zu trainieren, zu entwickeln und zu verbessern. In kaum einem Beruf – auch in meinem nicht – wird der Entscheidungsfähigkeit jedoch die Aufmerksamkeit zuteil, die ihr gebührt. Vielmehr wird der Fokus stets auf die Verbesserung der speziellen Sachkompetenz eines Berufsfeldes gelegt. Sachkompetenz ist zwar erforderlich, um eine bestimmte Entscheidung zu treffen, sie ist aber nur die Spitze des Eisbergs. Auf meinen Beruf als Richter bezogen bedeutet es: Die Sachkompetenz ist das, was ich in vier Jahren rechtswissenschaftlichem Studium und zwei Jahren Referendariat gelernt habe. Darüber, ob ich Entscheidungen treffen will und treffen kann, sagt meine Sachkompetenz jedoch nichts aus. Zweifellos ist es wichtig, dass wir Sachkompetenzen erwerben und verbessern. Wenn allerdings die Entscheidungsfähigkeit fehlt, dann helfen Sachkompetenzen nicht, denn sie werden nie zur Anwendung kommen.

Die Position und der Anteil der einzelnen Entscheidungselemente ergeben sich aus dem folgenden Bild, der Entscheidungspyramide:

Sachkompetenz
Entscheiden können
Entscheiden wollen

Den beiden wichtigsten Elementen jeder Entscheidung, dem »*Entscheiden wollen*« und dem »*Entscheiden können*«, sind die beiden Teile dieses Buches gewidmet. Nach der Lektüre werden Sie:

- verstehen, wie unser Gehirn Entscheidungen trifft,
- sowohl das eigene als auch das Entscheidungsverhalten Ihrer Mitmenschen besser nachvollziehen können,
- typische Entscheidungsfehler identifizieren und vermeiden,
- dazu beitragen können, dass in Ihrem Unternehmen sowie in Ihrem Familien-, Freundes- und Kollegenkreis Entscheidungen besser getroffen werden,
- wissen, dass es nicht Ihre Schuld ist, wenn es Ihnen schwerfällt, Entscheidungen zu treffen, es jedoch allein in Ihrer Macht liegt, dies zu ändern.

»Hilft mir dein Buch, ein besserer Entscheider in meinem Beruf zu werden oder in meinem Privatleben?«, fragt mich Mehmed, ein Freund, der als Unternehmensberater tätig ist. Meine Gegenfrage lautet: »Wieso ›oder‹?«

Wir verfügen nicht über spezielle Entscheidungssysteme für unseren Beruf, spezielle Entscheidungssysteme für unsere Hobbys, spezielle Entscheidungssysteme für unser Familienleben usw. Dieselben Entscheidungssysteme gelten für unsere Entscheidungen in allen Lebensbereichen, unserem Beruf ebenso wie unserer Familie und Partnerschaft, bei unseren Vermögensangelegenheiten ebenso wie bei Gesundheitsfragen. Wenn wir erfolgreich trainieren, um speziell in einem Bereich Entscheidungen besser zu treffen, dann werden hiervon auch unsere Entscheidungen in allen anderen Lebensbereichen profitieren.

Falls Sie noch Zweifel haben, ob dieses Buch Sie speziell in Ihrem Berufsleben dabei unterstützen kann, Ihre Entscheidungsfähigkeit zu verbessern, können Ihnen folgende Fragen helfen:

- Arbeiten Sie in einem Beruf oder sind Sie ehrenamtlich in einem Bereich tätig, in dem Sie viele Personalentscheidungen treffen? Neben den klassischen Berufen wie Personalchef eines Unternehmens oder einer Behörde oder Trainer gehören hierzu vor allem Lehrer. Sie haben richtig gelesen. Denn neben der klassischen Wissensvermittlung, der Erziehung und Erziehungsberatung erfüllen Lehrer viele Aufgaben, die zu den klassischen Personalentscheidungen gehören. Hierzu zählen die Leistungsbewertung ebenso wie die Beurteilung, ob das Klassenziel bzw. Schulziel erreicht wurde und ob eine Empfehlung für eine weiterführende Schule gegeben werden kann. Lehrer sind gewissermaßen die größte Gruppe der Personalentscheider in Deutschland!
- Arbeiten Sie in einem Beruf oder sind Sie ehrenamtlich in einem Bereich tätig, in dem Sie viele Sachentscheidungen treffen? Hierzu zählen Verkäufer im Groß- und Einzelhandel, Geschäftsführer, Finanzdienstleister, aber auch Vereinsvorsitzende, Kämmerer usw.
- Arbeiten Sie in einem Beruf oder sind Sie ehrenamtlich in einem Bereich tätig, in dem Sie viele Eilentscheidungen treffen? Dies sind insbesondere Angehörige der Polizei, der Rettungsdienste, privater Sicherheitsdienste und Ärzte.[1]

Können Sie eine oder sogar mehrere dieser Fragen mit Ja beantworten, wird Ihnen die Arbeit mit diesem Buch wertvolle und nachhaltige Resultate für Ihr Berufsleben liefern.

Lesen Sie dieses Buch nicht!

Zugegeben, das ist eine etwas seltsame Bitte für einen Autor. Und es wäre mir lieb, wenn Sie meinem Verlag hiervon nichts erzählen würden. Bevor Sie mich jedoch für geschäftsunfähig erklären lassen, möchte ich meine Bitte etwas genauer formulieren: Lesen Sie dieses Buch nicht, sondern arbeiten Sie mit ihm! Lesen allein bringt Ihnen nichts, sofern Sie nicht über ein eidetisches Gedächtnis verfügen. Regelmäßig vergessen wir nach nur 72 Stunden den größten Teil des Buches, das wir nur gelesen haben. Die vielen neuen und wertvollen Ideen und Gedanken sind für uns wieder verschwunden. Deshalb »lese« ich Bücher anders: Während ich ein Kapitel lese, unterstreiche ich die wichtigsten Sätze und mache kleine Notizen am Buchrand. Bevor ich am nächsten Tag ein neues Kapitel lese, befasse ich mich noch einmal mit meinen Unterstreichungen und Notizen vom Vortag. Meistens schreibe ich die Inhalte in Stichworten in eine Art Lerntagebuch. So steht mir der Inhalt eines Buches in komprimierter Form auf wenigen Seiten in meinem Lerntagebuch zur Verfügung, und ich kann ihn jederzeit in wenigen Augenblicken wiederholen. Lesen Sie mein Buch mit dieser Methode und machen Sie es zu Ihrem Buch. Hierdurch wird es für Sie wertvoller – im wahrsten Sinne des Wortes. Ob Sie den Inhalt des Buches verinnerlicht haben, können Sie mit dem Wissenstest im Anhang des Buches prüfen.

Damit das Wissen aus diesem Buch für Sie auch Resultate liefert, müssen Sie es in Ihr Leben integrieren. Deshalb finden Sie am Ende eines Abschnittes Entscheider-Strategien und dazugehörige Praxisübungen. Insgesamt sind rund 20 dieser Strategien mit den entsprechenden Übungen, dem Training für Entscheider, in diesem Buch enthalten. Nehmen Sie sich für jeden Tag jeweils nur eine Strategie mit der betreffenden Übung vor. Grundsätzlich empfehle ich Ihnen die in diesem Buch berücksichtigte Reihenfolge. Sollten jedoch bestimmte Lektionen für Sie gegenwärtig wichtiger sein als andere, dann bevorzugen Sie diese und überspringen zunächst solche Lektionen, zu denen Sie im Augenblick keinen Bezug finden.

Wiederholen Sie die folgenden Lektionen, bis Sie diese beherrschen. Wiederholen bedeutet hierbei nicht, dass Sie dieses Buch immer und immer wieder lesen müssen. Denn selbst wenn Sie die einzelnen Lektionen Wort für Wort auswendig aufsagen können, heißt das noch nicht, dass Sie sie auch praktisch anwenden können. Deshalb ist es wichtig, die praktischen Übungen, das Training für Entscheider, immer wieder zu wiederholen. Genau das mache ich übrigens auch. Und das bei einigen Übungen seit mehr als 20 Jahren. Obwohl es mein Beruf ist, Entscheidungen zu treffen? Nein, nicht »obwohl« es mein Beruf ist, sondern gerade deshalb! Ein professioneller Sportler wird – wenn er erfolgreich bleiben will – auch nicht mit dem Training zwischen den Wettkämpfen aufhören, nur weil er bereits über eine große Erfahrung verfügt.

Legen Sie besonderes Augenmerk auf die Strategien und Übungen, die eine Veränderung der evolutionären Grundeinstellungen unseres Gehirns bewirken sollen. Denn diese evolutionären Grundeinstellungen sind äußerst tief und fest verankert, daher bedarf es auch eines besonders intensiven und konstanten Trainings, um diese nachhaltig zu verändern. Falls Sie sich jetzt fragen, ob es möglich ist, sein Gehirn zu verändern und anzupassen, sollten Sie einmal der englischen Hauptstadt einen Besuch abstatten. Steigen Sie in London in ein Taxi und bitten Sie den Taxifahrer, Sie zu fahren. Wohin? Das ist völlig egal. Suchen Sie sich ein beliebiges Ziel aus. Sobald der Taxifahrer das Fahrzeug in Bewegung setzt, betrachten Sie den Hinterkopf des Fahrers und versuchen, in Richtung seiner Augen durch den Schädel zu blicken. Auf halbem Weg kommt Ihr Blick an dem Hippocampus des Fahrers vorbei. Fällt Ihnen was auf? Ja genau: Mann, ist der dick, Mann! In einer Studie mit Londoner Taxifahrern konnte festgestellt werden, dass ihr Gehirn insbesondere im Bereich des Hippocampus deutlich verdickt ist. Im Hippocampus sitzt nach unseren Erkenntnissen der Orientierungssinn. Und gerade Londoner Taxifahrer müssen über einen ausgezeichneten Orientierungssinn verfügen, denn die Londoner Innenstadt mit all ihren kleinen Neben- und Einbahnstraßen, Dauerbaustellen, Sperrungen und Sackgassen gilt als eine der größten Herausforderungen für Taxifahrer weltweit. In London müssen Taxifahrer einen besonders schweren Eignungstest bestehen, wenn sie zu der elitären Gruppe der Londoner Taxifahrer gehören wollen. In der Studie konnte übrigens festgestellt werden, dass sich der Hippocampus mit zunehmendem Taxidienst weiter verdickt, das Gehirn sich also immer weiter der Herausforderung anpasst.

Selbst die Struktur unseres Gehirns ist keinesfalls in Stein gemeißelt. Das Gehirn kann angepasst, umgebaut und verändert werden. Und für den Um- und Anbau des Gehirns benötigen Sie nicht einmal das Werkzeug eines Hirnchirurgen. Ich möchte Sie sogar ausdrücklich auffordern, Ihr Gehirn nicht aus seiner Verpackung zu nehmen. Bitte lassen Sie es genau da, wo es ist! Der

Umbau des Gehirns erfolgt völlig schmerzlos und von innen heraus. Sie müssen nur konstant üben und es immer wieder herausfordern. Wenden Sie das gelernte Wissen an, üben Sie mit den Trainingsmethoden für Entscheider intensiv und konstant und vor allem: *Treffen Sie Entscheidungen!*

Teil I:
Entscheiden wollen

Zwischen Können und Tun liegt ein Meer und auf seinem Grunde gar oft die gescheiterte Willenskraft.

Marie von Ebner-Eschenbach (1830–1916)

Kapitel 1
Eine Frage der Einstellung

Gleich ob du glaubst, du kannst es oder du kannst es nicht:
Du wirst auf jeden Fall recht behalten.

Henry Ford (1863–1947)

»Wie, ›einfach entscheiden‹?« Meine junge Kollegin blickt mich verwirrt an. Vor ein paar Minuten hat sie mein Büro betreten und mich um Hilfe gebeten. Sie schildert einen Sachverhalt und erklärt mir, wie sich die Rechtsprechung dazu entwickelt hat. Es haben sich zwei verschiedene Rechtsauffassungen herausgebildet, die jeweils gute Argumente vorbringen. »Beides lässt sich vertreten. Ist doch schön, jetzt kannst du dich einfach entscheiden!« Meine Antwort scheint ihr nicht zu gefallen. »Was meinst du mit ›einfach entscheiden‹? Das ist doch mein Problem! Ich muss mich entscheiden und weiß nicht, wie! Wie machst du so etwas?» Ich überlege kurz: »Gar nicht. So ein Problem hatte ich noch nie.« Jetzt habe ich sie vollends verwirrt. »Wie bitte? Du hattest noch nie den Fall, dass zwei entgegengesetzte Meinungen beide gut vertretbar sind?«, fragt sie. »Doch, oft! Aber ich habe mich nie entscheiden müssen.« Ich mache eine kurze Pause und füge dann hinzu: »Ich habe mich immer entscheiden dürfen.« Meine Kollegin blickt mich an. Ich bin mir nicht sicher, ob sie lachen oder mir einen Tritt versetzen will. Vielleicht beides. Aber dann sagt sie: »Erklärst du mir das?«

Auf die richtige Einstellung kommt es an! Wahnsinn, welch genialer Gedanke! Und dafür haben Sie dieses Buch aufgeschlagen? Bevor Sie jetzt wütend in die Buchhandlung eilen und das Geld zurückverlangen, bitte ich um ein wenig Geduld: Natürlich ist der Gedanke, dass es auf die richtige Einstellung ankommt, nicht neu. Unzählige Motivationsbücher und Trainer haben dies bereits seit Jahrzehnten, Jahrhunderten, zum Teil sogar seit Jahrtausenden zutreffend erkannt. Wenn wir eine Person oder eine Sache nicht mögen, fällt es uns schwer, sich mit ihr zu beschäftigen. Dagegen erledigen wir die Dinge, die wir mögen, mit Leichtigkeit. Zum Beispiel ist einer meiner besten Freunde ein ausgezeichneter Läufer, der schon zahlreiche Halbmarathons und Marathons gelaufen ist. Er liebt das Laufen und kann sich stundenlang damit beschäftigen. Kraftsport allerdings ist überhaupt nichts für ihn, es macht ihm keinen Spaß und wenn er es vermeiden kann, betritt er kein Fitnessstudio und geht jeder Hantel aus dem Weg. Bei mir ist es genau umgekehrt. Seit mehr als 25 Jahren trainiere ich mit Gewichten, hingegen würde es mir nie einfallen, joggen zu gehen. Laufen kann ich nichts abgewinnen. Mit dieser Einstellung wird aus meinem Freund kein Kraftsportler und aus mir kein Läufer. Nun ist dies – abgesehen von den positiven gesundheitlichen Aspekten, die ein ausgewogenes Training mit sich bringt – nicht weiter schlimm. Bestimmten Dingen und Personen, die wir nicht mögen, können wir in unserem Alltag sehr gut aus dem Weg gehen. Bei Entscheidungen verhält es sich allerdings etwas anders. Will man am Leben teilnehmen, ist es erforderlich, Entscheidungen zu treffen. Entscheidungen bedeuten Selbstbestimmung und persönliche Freiheit. Keine eigenen Entscheidungen treffen zu dürfen, heißt fremdbestimmt und unfrei zu sein. Dementsprechend haben wir eine äußerst positive Einstellung zu Entscheidungen. Oder etwa nicht? Ich weiß, was Sie jetzt denken: *Oje, wenn der schon so fragt, bedeutet das nichts Gutes.* Und Sie haben recht ...

Ich mag dich echt nicht

Wir Menschen hassen es, Entscheidungen zu treffen! So jetzt ist es raus. Und ich muss sagen: Ich fühle mich viel besser, nachdem ich Ihnen das mitgeteilt habe. Sie nicht? Schade ... Vielleicht tröstet es Sie etwas: Wir hassen nicht alle Entscheidungen gleichermaßen. Und wir können auch gar nichts dafür, unsere tiefe Abneigung ist angeboren und anerzogen. Ich hoffe, Sie stehen für ein kleines Experiment zur Verfügung. Bitte ergänzen Sie spontan die fehlenden Wörter in den folgenden Sätzen:

- »Wer die Wahl hat, hat die ...«
- »Sie ... sich schon entscheiden!«

Wenn Sie diese Sätze um die Wörter »Qual« (Satz 1) und »müssen« (Satz 2) ergänzt haben, habe ich eine schlechte Nachricht für Sie. Zwar haben Sie eine natürliche, typisch menschliche Einstellung zu Entscheidungen, diese ist jedoch leider nicht gerade positiv.[2]

Entscheidungen machen Ihnen nicht immer Freude, Sie empfinden sie mitunter als unangenehm, als ein notwendiges Übel. Erkennen Sie sich in dieser Beschreibung wieder? Unsere Sprache verrät sehr viel über unsere Einstellung zu bestimmten Personen, Gegenständen und Situationen. Deshalb haben Sie die beiden Sätze um die Wörter »Qual« und »müssen« ergänzt und nicht etwa um »Freiheit« und »dürfen«. In sehr vielen Situationen empfinden wir Entscheidungen nicht als Freiheit und als ein Dürfen, sondern als ein Müssen und eine Qual. Diese Einstellung zu Entscheidungen ist so tief in unserem Bewusstsein verankert, dass uns Formulierungen wie »Er *musste* eine Entscheidung treffen« oder Redewendungen wie »Wer die Wahl hat, hat die Qual« völlig natürlich und richtig vorkommen – obwohl Entscheidungen ohne jeden Zweifel ein Ausdruck unserer persönlichen Freiheit sind, also tatsächlich kein Müssen, sondern ein Dürfen darstellen. Trotzdem ist für uns bereits der Begriff *Entscheidung* eher mit negativen als mit positiven Gefühlen verbunden, und zwar seit mehr als 1000 Jahren.

Schwerter, Blut und Psychologen

Das Wort *entscheiden* stammt von dem germanischen *skeidir* für Schwertscheide ab. Dieser Wortstamm wurde dann im Althochdeutschen zu *intsceidôn*, was »das Schwert aus der Schwertscheide ziehen« bedeutet. In früherer Zeit war eine Ent-Scheidung nicht selten mit dem Verlust von Blut und Körperteilen verbunden. An dieser Stelle erspare ich mir weitere Einzelheiten. Denken Sie einfach an die dritte Staffel von *Games of Thrones*. Diese blutige Wortherkunft ist übrigens nicht etwa nur auf die deutsche Sprache beschränkt. Nicht weniger morbiden Ursprungs als das deutsche Wort Entscheidung sind auch das englische *decision*, das französische *décision* und das italienische *decisione*. Sie alle haben ihren Ursprung im lateinischen Wort *decidere*, was unter anderem »abhauen« und »abschneiden« bedeutet.

Doch warum ist für uns eine Entscheidung derart unangenehm, dass schon unsere Vorfahren für sie Namen wählten, die an gewaltsame Trennung und schmerzlichen Verlust erinnern? Verdeutlichen wir uns zunächst, was bei einer Entscheidung geschieht.

»Entscheiden ist der Prozess des Wählens zwischen mindestens zwei Optionen mit dem Ziel, erwünschte Konsequenzen zu erreichen und unerwünschte Konsequenzen zu vermeiden. Der Prozess führt im günstigsten Fall zu einer Entscheidung. Durch die Entscheidung wird eine Option selektiert und der Entschluss gebildet, diese zu realisieren.«[3] Diese Definition fand ich in dem lehrreichen Buch *Denken – Urteilen, Entscheiden, Problemlösen* von Tilmann Betsch, Joachim Funke und Henning Plessner, das sich mit Entscheidungspsychologie befasst. Sie wissen ja, ich bin Jurist. Und Juristen – vielleicht gehören Sie zu den bedauernswerten Menschen, die ein solches Exemplar im Bekanntenkreis haben – lieben Definitionen. Das Wesen einer Entscheidung ist also die Auswahl einer von mehreren Optionen. Und genau das ist der Grund für unsere natürliche Abneigung gegen Entscheidungen. Denn wenn man sich *für* eine Option entscheidet, dann entscheidet man sich zugleich auch zwangsläufig *gegen* eine oder sogar mehrere andere Optionen. Die nicht gewählten Optionen werden aufgegeben, sie sind verloren. Und gerade der Verlust einer Option ist etwas Fürchterliches für unser Gehirn, was Sie im folgenden Kapitel mithilfe von Computern, Marmelade und Weihnachtsgeschenken erfahren werden.

Kapitel 2
Der Feind in meinem Hirn – angeborene Abneigung

Der US-amerikanische Psychologe Dan Ariely stellte in seinem Buch *Denken hilft zwar, nützt aber nichts* die angeborene Abneigung gegen den Verlust einer Option infolge einer Entscheidung in einem Experiment mit MIT-Studenten eindrucksvoll unter Beweis.[4]

Auf einem Computerbildschirm erscheinen drei verschiedenfarbige Türen. Die Versuchsteilnehmer können sich für einen hinter der jeweiligen Tür liegenden Raum entscheiden, indem sie die Tür anklicken. In dem Raum können sie durch weiteres Mausklicken Geld sammeln. Dabei wissen die Teilnehmer nicht, welche Geldmengen hinter den jeweiligen Türen verborgen sind. Insgesamt stehen einem Teilnehmer 100 Mausklicks zur Verfügung. Am einträglichsten ist es, alle Türen auszuprobieren, sich für den Raum mit der größten Gewinnspanne zu entscheiden und dann in diesem Raum die Mausklicks zu verbrauchen. Das finden auch die Versuchsteilnehmer schnell heraus.

Dann erweitert Ariely jedoch das Experiment: Jede Tür, die nach zwölf Mausklicks nicht geöffnet worden ist, verschwindet für immer. Dies gestaltet er anschaulich und lässt die Türen mit jedem Mausklick in einem anderen Raum immer kleiner werden. Nun ist es plötzlich den Teilnehmern wichtig, keine der Türen verschwinden zu lassen. Sie hüpfen von einem Raum in den anderen und verbrauchen wertvolle Klicks lediglich dafür, Türen offen zu halten. Von dieser Strategie rücken die Teilnehmer selbst dann nicht ab, wenn jeder Klick auf eine Tür einen bestimmten Geldbetrag kostet. Selbst dann, wenn man ihnen erklärt, welchen Geldbetrag sie hinter den jeweiligen Türen zu erwarten haben, und ihnen gestattet, das Spiel auszuprobieren, bevor das eigentliche Experiment beginnt, rücken die Teilnehmer nicht davon ab, sich sämtliche Türen »offen zu halten«, indem sie Geld und Mausklicks opfern!

Ein erstaunliches Ergebnis! Ein Mensch erbringt demnach lieber Opfer, um sogar wertlose Optionen zu erhalten, anstatt sich für eine lediglich vorteilhafte Option zu entscheiden. Selbst in der Variante des Experiments, dass eine Entscheidung für eine bestimmte Option ausschließlich positive Konsequenzen hat und die beiden anderen Optionen mit absoluter Gewissheit ohne jeden Wert sind, ist der Versuchsteilnehmer nicht in der Lage, die wertlosen Optionen aufzugeben. Ganz offensichtlich widerspricht die Aufgabe – der Verlust – der Option einer evolutionären Grundeinstellung unseres Gehirns. Und diese Grundeinstellung war für Tausende Generationen unserer Vorfahren absolut sinnvoll. Denn für Hunderttausende von Jahren stand uns meist nur *eine* Option zur Verfügung, mit der wir unsere lebensnotwendigen Bedürfnisse – Nahrung, Wasser, Fortpflanzung – befriedigen konnten. Und wenn nur eine Option zur Verfügung steht, um an Nahrung zu gelangen, kann bereits der Verlust dieser einen Option tödlich sein. Deshalb durften unsere Vorfahren keine Überlegungen anstellen wie »Dieses Mammut gefällt mir von der Farbschattierung aber überhaupt nicht!« oder

»Warten wir auf eins mit geraden Stoßzähnen?«. Es war schlimm genug, dass die Nahrung weglaufen konnte; die einzige Option auch noch freiwillig aufzugeben, musste unbedingt verhindert werden. Und genau hierfür sorgte die Evolution, indem sie eine ablehnende Haltung gegenüber dem Verlust einer Option in unserem Unterbewusstsein als Grundeinstellung tief verankerte.

Die entscheidungsfeindliche Grundeinstellung unseres Gehirns kann man mit der Standardeinstellung eines Computers vergleichen. In meinem Sitzungssaal im Gericht steht ein Computer mit angeschlossenem Drucker für meine Protokollführerin. Das Problem mit diesem Computer ist, dass jedes Mal, wenn wir etwas ausdrucken wollen, wir den angeschlossenen Drucker erneut im System als »Standarddrucker« aktivieren müssen. Sobald das System beendet und neu gestartet wird, ist wieder ein anderer Drucker als »Standarddrucker« bestimmt. Mit diesem Problem haben sich schon verschiedene Menschen mit Computerkenntnissen erfolglos beschäftigt. Da meiner Protokollführerin diese hinderliche Grundeinstellung des Computers bekannt ist, ist sie jedoch darauf vorbereitet. Sobald sie das System neu startet, ändert sie zunächst diese Einstellung ab. Und genau so können wir auch mit der Grundeinstellung unseres Gehirns verfahren. Vor jeder Entscheidung machen wir uns bewusst, dass die unbewusste Grundeinstellung unseres Gehirns entscheidungsfeindlich ist. Und dann verändern wir diese Einstellung mit unserem Bewusstsein, indem wir uns sagen: *Ich darf eine Entscheidung treffen. Ich entscheide gern!* Der großartige Nebeneffekt dieser Methode ist, dass tatsächlich die Möglichkeit besteht, die Grundeinstellung unseres Gehirns mit der Zeit zu verändern. Denken Sie an die Londoner Taxifahrer: Unser

Gehirn ist fähig, sich zu entwickeln und seinen Aufgaben anzupassen – im Gegensatz zu den Computern der Justiz.

Die Strategie des Richters

Entscheider sind sich zu jeder Zeit bewusst:

Eine Entscheidung ist nie ein Müssen, sondern stets ein Dürfen!

Training für Entscheider

Sagen Sie heute vor jeder Entscheidung zu sich: *Ich darf diese Entscheidung treffen. Ich will entscheiden!*

Dieser Gedanke verändert und verbessert sowohl die persönliche Einstellung als auch das Entscheidungsverhalten selbst grundlegend und nachhaltig. Wenn Sie aus dem Buch nur einen einzigen Gedanken mitnehmen und umsetzen, dann bitte genau diesen!

Marmelade und Hüftersatz

Es liegt auf der Hand, dass sich die angeborene Abneigung, eine Option infolge einer Entscheidung aufzugeben, umso stärker auswirkt, je mehr Optionen zur Verfügung stehen. Gerade solche Situationen mit einer Vielzahl komplexer Möglichkeiten sind es jedoch, in denen wir tagtäglich Entscheidungen treffen sollen. Wenn Sie beispielsweise Ihren Sommerurlaub am Meer verbringen möchten, steht Ihnen nicht nur *eine* Option zur Verfügung wie etwa die Ferieninsel Rhodos. Vielmehr haben Sie die

Wahl zwischen den Urlaubszielen Mallorca, Ibiza, Teneriffa, Kreta, Sizilien, Korsika, Jamaica, Kuba und zahlreichen anderen Orten. Und anders als in dem Computerexperiment von Dan Ariely ist kaum eine dieser vielen Optionen völlig wertlos.

Je mehr wertvolle Optionen zur Verfügung stehen, umso schwerer fällt uns die Wahl und umso häufiger vermeiden wir tatsächlich eine Entscheidung. Dies wurde durch ein amüsantes Experiment unter Beweis gestellt, das in einem Supermarkt stattfand. Dort bauten die Versuchsleiter an verschiedenen Tagen zwei Verkaufsstände für Marmeladen auf: Bei dem einen Verkaufsstand wurden 24 verschiedene Sorten angeboten, bei dem anderen Verkaufsstand lediglich sechs Sorten. Das Verhalten der an diesen Verkaufsständen vorbeilaufenden Kunden war erstaunlich. Zwar ließen sich deutlich mehr Kunden von dem großzügigen, 24 verschiedene Sorten umfassenden Marmeladenangebot anlocken, nämlich etwa 60 Prozent der vorbeilaufenden Kunden. Jedoch konnten sich bloß 3 Prozent dieser Kunden dazu überwinden, eine Kaufentscheidung zu treffen. Hingegen blieben zwar nur 40 Prozent der vorbeilaufenden Kunden an dem Verkaufsstand mit nur sechs Marmeladensorten stehen. Davon erwarben jedoch 30 Prozent tatsächlich einen der angebotenen Fruchtaufstriche.[5] Diese Art des Entscheidungsverhaltens machen sich nicht wenige Supermärkte und Lebensmittelhersteller zunutze – so werden beispielsweise nur 1300 Produkte bei dem Sortiment von Aldi Süd (bzw. 1400 Produkte im Sortiment von Aldi Nord) angeboten,[6] während große Supermärkte bis zu 40 000 Artikel in ihrem Sortiment haben. Auch Restaurants kommen dem typischen Entscheidungsverhalten ihrer Gäste entgegen. Bei vielen hochwertigen Restaurants gilt hinsichtlich der Auswahl auf der Speisekarte: Weniger ist mehr. Ein Gast will schließlich einen angenehmen Abend erleben und nicht bereits mit einer schweren Entscheidung belastet werden, wenn die Speisekarte ihm eine zu große Auswahl bietet. Viele Restaurants beschränken sich daher auf wenige, nach Fisch-, Fleisch- oder veganen Speisen sortierte Angebote. Dies erleichtert dem Gast die Entscheidung und ist ein guter Anfang für einen angenehmen Aufenthalt.

In einigen komplexen Situationen können bereits drei Optionen unsere Entscheidungssysteme überfordern, was die Wissenschaftler Donald A. Redelmeier und Eldar Shafir in einem ebenso erstaunlichen wie erschreckenden Versuch[7] eindrucksvoll nachgewiesen haben. Zwei Gruppen von Ärzten wurde folgender Fall zur Entscheidung vorgelegt:

Ein Patient, ein 67 Jahre alter Farmer, leidet an chronischen Schmerzen in der rechten Hüfte. Diagnostiziert ist eine Osteoarthritis. Es sind unterschiedliche Schmerzmittel (u.a. Aspirin und Naproxen) ohne Erfolg verabreicht worden. Nunmehr soll eine Operation durchgeführt und eine künstliche Hüfte eingesetzt werden.

Der ersten Ärzte-Gruppe stellte man folgende Frage: »Bevor Sie den Patienten zur Operation schicken, prüfen Sie noch einmal die Patientenakte und stellen fest, dass ein Schmerzmittel noch nicht verabreicht wurde, nämlich Ibuprofen. Was machen Sie?«

Der zweiten Ärzte-Gruppe stellte man dieselbe nur leicht abgewandelte Frage: »Bevor Sie den Patienten zur Operation schicken, prüfen Sie noch einmal die Patientenakte und stellen fest, dass *zwei* Schmerzmittel noch nicht verabreicht wurden, nämlich Ibuprofen und Piroxicam. Was machen Sie?«

Wie haben sich die Ärzte jeweils entschieden?

In der ersten Gruppe beschlossen 72 Prozent der Versuchsteilnehmer, zunächst das bisher nicht verabreichte Schmerzmittel auszuprobieren, bevor sie eine Hüftoperation durchführen würden. Aus medizinischer Sicht ist es völlig nachvollziehbar, eine vergleichsweise harmlose Schmerzmittelverabreichung einer risikoreicheren Operation vorzuziehen.

Dementsprechend wäre zu erwarten, dass in der zweiten Gruppe mindestens 72 Prozent der Versuchsteilnehmer denselben Entschluss fassen und sich gegen eine Operation und für eines der beiden Schmerzmittel entscheiden. Denn logisch betrachtet sind die Chancen, dass im zweiten Fall ein Schmerzmittel die erhoffte Linderung herbeiführt, größer als im ersten Fall, da sogar zwei Schmerzmittel bisher nicht ausprobiert worden waren. Das Ergebnis war jedoch ein anderes: Nur etwa die Hälfte (53 Prozent) der Gruppe entschied sich dafür, zunächst ein Schmerzmittel zu verabreichen und keine Operation durchzuführen. Die andere Hälfte wählte die risikoreichere Operation.

Ein beeindruckendes Ergebnis, das sich jedoch mit dem Resultat des Marmeladensorten-Experiments deckt. Zu viele Optionen überfordern unsere Entscheidungssysteme. Die erste Ärzte-Gruppe hatte nur zwischen zwei Optionen zu wählen, entweder Operation (1) oder Ibuprofen-Schmerzmittel (2). Die zweite Ärzte-Gruppe hingegen musste sich zwischen drei Optionen entscheiden, nämlich Operation (1), Ibuprofen-Schmerzmittel (2) oder Piroxicam-Schmerzmittel (3). Allein die Hinzufügung einer weiteren Option machte die Entscheidung offensichtlich erheblich schwerer und überforderte die Entscheidungssysteme der Versuchsteilnehmer.

Unser Gehirn liebt es, möglichst viele verschiedene Optionen zur Auswahl zu haben, und hasst es, eine Auswahl zwischen diesen Optionen zu treffen. Je mehr Optionen uns zur Verfügung stehen, desto schwerer fällt uns die Entscheidung. In einigen Fällen werden unsere Entscheidungssysteme sogar überlastet und sind allein aufgrund der Anzahl der Optionen nicht mehr in der Lage, eine vernünftige Entscheidung zu treffen. Manchmal können bereits drei Optionen zu viele sein. Daher sollte sich jeder Entscheider den Satz merken: Wer sich alle Türen offen hält, spürt sehr schnell, dass es unangenehm zieht ...

Geschenke, Geschenke

Es ist wieder so weit. Die Zeit der Ruhe und Besinnung, des Friedens und der Gemütlichkeit. Alle Menschen genießen es, mit Gelassenheit, entspannt und ruhig die letzten Wochen des Jahres zu erleben und zu genießen. Das ist die Adventszeit. Versuchen Sie, das mal glaubhaft einem Alien zu erklären, der Anfang Dezember eine deutsche Stadt besucht. Die Straßen und die Kaufhäuser sind verstopft, unfreundliche und laute Hektik an allen Orten, Gedränge und Geschubse in den Einkaufsstraßen. Und unzählige verzweifelte Menschen, die noch nicht alle Weihnachtsgeschenke beisammenhaben. Im Allgemeinen gibt es nur zwei Gründe, weshalb die Weihnachtsgeschenke noch immer nicht erworben wurden. Entweder es fehlt jegliche Geschenkidee, oder es gibt zu viele gute Ideen. Den ersten Grund möchte ich hier vernachlässigen, weil dies ein Buch über Entscheidungen und nicht über kreative Weihnachtsgeschenkideen ist. Der zweite Grund, der die Menschen zur verzweifelten Suche in den Kaufhäusern in der Weihnachtszeit treibt, ist: zu viele Geschenkideen.

Sie wissen bereits: Wir sind geradezu meisterhaft darin, Optionen zu erschaffen, aber von der Evolution bestenfalls laienhaft ausgestattet, um eine Auswahl zwischen diesen Optionen zu treffen. Je meisterhafter wir Optionen erarbeiten, desto schwerer fällt uns die Auswahl einer Option, also die Entscheidung. Deshalb besteht ein effizienter Geschenkekauf aus drei einfachen Schritten:

- Beschränken Sie Ihre Suche auf drei Geschenkoptionen. Insoweit gilt der alte Merksatz: »Drei soll die Zahl sein und nur die Drei, nicht die Vier, die Fünf scheidet völlig aus und auch die Zwei.« Erarbeiten Sie drei Geschenkoptionen und schreiben Sie diese auf. Hierdurch geben Sie Ihren Entscheidungssystemen bildlich eine genaue Aufgabe vor.
- Wählen Sie ein Kriterium aus, das maßgeblich für die Auswahl der besten Option sein soll. Dieses Kriterium kann zum Beispiel der Preis des Geschenks sein (das teuerste oder günstigste Geschenk), die Lieferzeit, der Beschaffungsaufwand oder natürlich auch die Priorität auf einem Wunschzettel. Schreiben Sie auch dieses Kriterium auf.
- Beurteilen Sie dann die drei Optionen allein aufgrund dieses einen Kriteriums. Die Option, die am besten abschneidet, ist der Gewinner. Entscheiden Sie sich für sie. Nur wenn bei der Beurteilung nach Ihrem Kriterium mehr als eine Option übrig bleiben sollte, wählen Sie ein neues Kriterium aus und beurteilen die verbliebenen Optionen anhand dieses Kriteriums. Diesen Schritt können Sie beliebig oft fortsetzen. Aber machen Sie es zur Regel, dass dann, wenn nur eine Option das Kriterium am besten erfüllt, die Auswahl an die-

ser Stelle beendet und die Entscheidung für die entsprechende Option getroffen wird.

2-many-Options

Entscheidungssituationen mit vielen bzw. zu vielen Optionen sind einem Strafrichter nicht fremd. Stellen Sie sich vor, Sie haben als Richter folgenden Fall zu entscheiden: Dem mehrfach vorbestraften Jan wird vorgeworfen, drei Flaschen Detmolder aus einem Kiosk gestohlen zu haben. Er bestreitet den Vorwurf und behauptet, es müsse sich um eine Verwechslung handeln. Der Kioskbesitzer Rolf wird als Zeuge vernommen und sagt, er erkenne Jan eindeutig wieder. Wie entscheiden Sie? Ihnen stehen vier Optionen zur Verfügung:

- Sie sprechen Jan frei.
- Sie verurteilen Jan zu einer Geldstrafe.
- Sie verurteilen Jan zu einer Freiheitsstrafe mit Bewährung.
- Sie verurteilen Jan zu einer Freiheitsstrafe ohne Bewährung.

Aus dem Experiment mit den beiden Ärztegruppen wissen wir, dass bereits drei Optionen unsere Entscheidungssysteme überlasten können. Nicht wenige und häufig junge Kollegen, die erstmals als Strafrichter tätig werden, berichten von der Schwierigkeit, in solchen Fällen eine Entscheidung zu treffen. Ihre Entscheidungssysteme sind demselben Stress ausgesetzt wie die der Ärzte in dem oben beschriebenen Experiment. Dieses Entscheidungsdilemma kann leicht gelöst werden, indem man Optionen stufenweise eliminiert: Zunächst entscheidet man nur die Frage, ob Jan freizusprechen ist oder nicht. Somit stehen auf der ersten Stufe nur zwei Optionen zur Verfügung. Kommt man zu dem Ergebnis, dass Jan nicht freizusprechen ist, ist auf der zweiten Stufe zu entscheiden, ob die Tat mit einer Geldstrafe oder einer Freiheitsstrafe geahndet werden muss. Und wieder stehen lediglich zwei Optionen zur Verfügung, zwischen denen der Richter eine Entscheidung zu treffen hat. Erst wenn er sich für eine Freiheitsstrafe entscheidet, muss er auf einer dritten Stufe die Entscheidung treffen, ob diese zur Bewährung ausgesetzt werden soll oder ob die Strafe vollstreckt wird. Und auch auf dieser dritten Stufe stehen wiederum nur zwei Optionen zur Verfügung. Hierdurch werden die Entscheidungssysteme schrittweise an die abschließende Entscheidung herangeführt und vor dem Zuviele-Optionen-Problem bewahrt.

Auch die zweite Ärztegruppe in dem oben beschriebenen Experiment hätte mit dieser Methode ihre Entscheidungssysteme entlasten können. Auf einer ersten Stufe hätte sie nur die Entscheidung treffen müssen, ob die Operation durchgeführt oder zunächst ein Schmerzmittel ausprobiert werden soll – dies war die Entscheidung, die auch die erste Gruppe zu treffen hatte. Erst auf einer zweiten Stufe hätte dann entschieden werden müssen, welches der beiden Schmerzmittel zunächst verabreicht werden soll. Diese Methode der stufenweisen Entscheidung bietet sich bei vielen Entscheidungssituationen an. Wichtig ist in solchen Fällen, ganz bewusst stufenweise vorzugehen, also die Entscheidung in verschiedene Schritte aufzuteilen, sowie sich strikt an die jeweiligen Stufen zu halten und nicht gedanklich zwischen den Stufen hin und her zu springen.

Unser Gehirn hat also eine angeborene Abneigung gegen Entscheidungen, vor allem gegen Entscheidungen zwischen vielen Optionen. Aber warum? Ist unser Gehirn eine Fehlentwicklung? Nein, unser Gehirn funktioniert ausgezeichnet, sein Entwicklungsstand ist nur nicht mehr ganz up to date, es ist etwas aus der Mode gekommen ...

Kapitel 3

Von Jägern und Sammlern und Smartphones

Die Strahlen der aufgehenden Morgensonne wecken Sie sanft. Ihre Kleidung haben Sie bereits am Körper. Es ist jeden Tag dieselbe, die Sie tags und nachts warm hält. Einem Lederbeutel entnehmen Sie ein paar getrocknete Beeren und etwas Dörrfleisch, das Frühstück ist schnell zubereitet. Die anderen Mitglieder Ihrer Sippe sind ebenfalls bereits aufgewacht. Die Fleischvorräte sind aufgebraucht, ein Mann hebt seinen Speer und deutet mit einem lauten Ruf in Richtung Tal. Es geht auf die Jagd. Auch Sie nehmen Speer und Axt und gehen mit den anderen Männern los. Drei Stunden laufen sie in dieselbe Richtung, bis Sie eine Ebene erreichen, auf der einige urzeitliche Hirsche grasen. Derselbe Mann, der vorhin den Aufbruch angesagt hat, deutet auf ein Tier in der Mitte. Alle wissen, was zu tun ist. In weitem Bogen wird die Beute umrundet, dann wird der Kreis enger gezogen. Als der Hirsch auszubrechen versucht, werfen Sie und zwei weitere Jäger ihren Speer. Zwei der Speere treffen gut, das Tier sinkt tot zu Boden. Mit den Äxten wird es zerlegt, sodass das Fleisch abtransportiert werden kann. Der Rückweg dauert etwas länger als drei Stunden.

So sah der Alltag unserer Vorfahren aus. Und genau für diesen Alltag unserer Vorfahren entwickelte die Evolution unser Gehirn.

Es wurde dafür geschaffen, wenige und vor allem einfache, wenn auch überlebenswichtige Entscheidungen zu treffen. Im Vordergrund standen Nahrungsaufnahme und Fortpflanzung. Die Auswahl des geeigneten Emojis für den WhatsApp-Chat konnte getrost vernachlässigt werden, schon angesichts der schlechten Netzabdeckung in der Savanne. Für einen Zeitraum von mehr als zwei Millionen Jahren lebten wir als Jäger und Sammler – in der Anthropologie auch Wildbeuter und Feldbeuter genannt – und die Entscheidungssysteme unseres Gehirns funktionierten vollkommen ausreichend, ja sogar sehr gut. Erst in den letzten Jahrzehnten sind die Entscheidungen, die unser Gehirn treffen soll, erheblich komplexer gestaltet und haben sich vervielfacht. Sogar vor wenigen Jahrhunderten unterschied sich das Zusammenleben der Menschen und ihr Tagesablauf nur wenig von dem Alltag unserer Vorfahren vor mehreren Hunderttausend Jahren. Sogar um 1500 n. Chr. war noch etwa die Hälfte der Erde von Jägern und Sammlern besiedelt. Etwa 90 Prozent seiner gesamten Entwicklungsgeschichte verbrachte der Mensch als Jäger und Sammler. Erst seit etwa 500 Jahren hat sich das Zusammenleben der Menschen mehr und mehr verändert. Selbst unsere Urgroßeltern konnten von der riesigen Angebotsvielfalt unserer heutigen Gesellschaft allenfalls (alb-)träumen. Allein in den letzten 50 Jahren haben sich das Wissens- und das Bildungsangebot vervielfacht. Unserem Gehirn blieben nur wenige Generationen Zeit, sich dieser Entwicklung anzupassen. Es ist davon auszugehen, dass sich unser Gehirn – sollte die Angebotsvielfalt unserer heutigen Gesellschaft erhalten bleiben – diesen Anforderungen in der Zukunft anpassen wird. Einstweilen hat es das noch nicht, eine solche Anpassung benötigt Zeit.

Das Unvermögen unseres Gehirns, mit den sehr komplexen Entscheidungen, die uns jeden Tag fordern, umzugehen, spüren wir deutlich. Das macht uns Sorgen und verstärkt unsere angeborene Abneigung. So wie wir einem körperlich überlegenen Gegner, sei es ein anderer Mensch oder ein Raubtier, ganz natürlich aus dem Weg gehen und sogar Angst vor ihm empfinden, fühlen wir uns unwohl bei bestimmten Entscheidungssituationen, die das Entscheidungsvermögen unseres Gehirns überfordern, sodass wir sie vermeiden wollen und ihnen ausweichen.

Weil unserem Gehirn nicht die Zeit blieb, seine Struktur an die typischen Entscheidungssituationen der heutigen Zeit anzupassen, ist es auch (noch) nicht in der Lage, ausreichend Willenskraft zu produzieren für die große Anzahl der Entscheidungen, die sich ihm heutzutage täglich stellen. Zwar lässt sich Willenskraft trainieren und entwickeln, jedoch nur in geringem Umfang. Die uns zur Verfügung stehende Willenskraft ist begrenzt und reicht oft nicht aus, um die vielen Entscheidungen eines einzigen Tages zu treffen. Dies gilt umso mehr, als wir unsere Willenskraft nicht nur für unsere Entscheidungen benötigen.

Dieser beiden »Schwächen« unseres Gehirns müssen wir uns bewusst sein. Seine Entscheidungsfähigkeit ist in zweierlei Hinsicht begrenzt: Zum einen verfügt es gegenwärtig nur über ein unzureichendes System für komplexe Entscheidungen, und zum anderen stellt es Willenskraft lediglich in begrenztem Umfang für wenige Entscheidungen zur Verfügung. Wenn wir unsere Entscheidungsfähigkeit verbessern wollen, müssen wir diese begrenzten Entscheidungsressourcen des menschlichen Gehirns kennen, akzeptieren und lernen, damit zu arbeiten. Sie zwingen uns nicht nur, vorsichtig zu sein, weil unsere Entscheidungssysteme für komplexe Situationen unzureichend entwickelt sind, sondern auch, die beschränkte Ressource Willenskraft einzuteilen und sie nicht zu verschwenden. Wir stehen in unserer heutigen Zeit immer wieder vor der Frage, ob eine Entscheidung es wert ist, getroffen zu werden, oder ob sie lediglich unsere Willenskraft aufbraucht, die wir für die wirklich wichtigen Entscheidungen benötigen.

Die Strategie des Richters

Entscheider beschränken bei jeder komplexen Entscheidung ihre Suche auf maximal drei Optionen und treffen dann eine Entscheidung.

Training für Entscheider

Beschränken Sie heute bewusst die Suche nach Optionen.

Diese Übung fällt anfangs schwer, weil sie der evolutionären Grundeinstellung unseres Gehirns zuwiderläuft. Beginnen Sie daher bei leichten Entscheidungen, etwa bei der Auswahl des Mittagessens im Restaurant. Nachdem Sie das erste Gericht auf der Speisekarte gelesen haben, das in Betracht kommen könnte, suchen Sie nur noch eine weitere Option. Beenden Sie dann die Suche und treffen Sie eine Auswahl. Auch die Auswahl eines Geschenks oder ein Einkauf im Supermarkt bieten sich an, um diese Methode zu trainieren.

Für die von Natur aus eng begrenzten Entscheidungsressourcen können wir Menschen nichts. Sie sind jedoch nur ein Grund, weshalb wir Entscheidungen gegenüber grundsätzlich negativ eingestellt sind und oft versuchen, sie hinauszuzögern und zu vermeiden. Es gibt noch eine weitere Ursache. Und für diese tragen wir die volle Verantwortung.

Kapitel 4
Sorry, mein Fehler! – Anerzogene Angst

»Ich fasse es nicht! Nur drei Jahre Knast für Schmuggel von mehr als zwei Tonnen Marihuana? Das ist doch ein Witz!« Die Strafkammer des Landgerichts hat wieder einmal ein Urteil gesprochen, das eher einer Belohnung als einer Bestrafung gleichkommt. »Reg dich doch nicht auf!« Meine Kollegin stochert in ihrem Salat. »Du weißt doch, wie hier die Linie ist.« Ihre Gelassenheit wirkt nicht sonderlich beruhigend auf mich. »Sag mal«, setze ich an, »du hast doch auch schon mal in der Strafkammer gearbeitet. Warum entscheiden Vorsitzende so milde?« Meine Kollegin stopft sich ein Salatblatt in den Mund. »Mein Vorsitzender hatte damals Angst vor der Revision«, antwortet sie und ergänzt, »und da ist er nicht der Einzige! Es ist den meisten Vorsitzenden peinlich, vom Bundesgerichtshof aufgehoben zu werden. Das würde ja bedeuten und allen zeigen, dass sie Fehler machen.«

Schon als Schulkind lernen wir: Fehler sind etwas Schlechtes! Das Wort Fehler weckt bei uns spätestens seit der Schule Assoziationen mit durchweg negativen Begriffen wie »schlimm« und »Misserfolg«. Demgegenüber werden Wörter wie »Entwicklung«, »Fortschritt«, »Verbesserung« und »Erfolg« in unserer Gesellschaft leider nur selten mit dem Wort »Fehler« in Verbindung gebracht, obwohl wir aus der Geschichte wissen, dass Fehler für Fortschritt, Verbesserung und Erfolg zwingend notwendig sind. Der Organisationspsychologe Michael Frese bringt es auf den Punkt: »Wer einen Fehler macht, so das gängige Urteil, der hat versagt.«[8] Dass viele Errungenschaften der Naturwissenschaften, Technik und Medizin letztlich auf einem Fehler beruhen, ist Ihnen sicherlich bekannt. Man denke nur an die Entdeckung des Penicillins durch Alexander Fleming im Jahr 1928 oder die Entwicklung des Herzschrittmachers durch Wilson Greatbatch im Jahr 1958. Fehler sind gut, solange man aus ihnen lernt.

Wie mit Fehlern umgegangen werden kann und in anderen Gesellschaften zum Teil schon seit Jahrzehnten umgegangen wird, zeigte der US-amerikanische Unternehmer und Vorstandsvorsitzende von IBM Tom J. Watson (1874–1956). Eines Tages erfuhr Watson, dass einem Mitarbeiter ein Projekt ganz gewaltig aus dem Ruder gelaufen war. Dem Unternehmen entstand ein Verlust von 600 000 Dollar. Im Jahr 2020 wäre dies ein Verlust von mehr als sechs Millionen Dollar! Watson bat den Mitarbeiter zu sich. Dieser erschien mit blassem Gesicht, Angstschweiß auf der Stirn und zitternden Knien. Mit belegter Stimme erklärte er: »Ich erwarte meine Kündigung.« Watson sah ihn an und sagte: »Ihre Kündigung? Nicht, nachdem wir gerade 600 000 Dollar in Ihre Ausbildung investiert haben!« Dieser beeindruckende Umgang mit Fehlern ist eine derart rühmliche Ausnahme, dass die Anekdote von Tom J. Watson seit Jahrzehnten immer wieder als Beispiel auf Seminaren und in Büchern für Personalführung angeführt wird. Eine Umsetzung jener vorbildlichen Fehlerkultur erfolgt leider in den wenigsten Führungsstilen. Allem Anschein nach ist insbesondere der deutschen

Gesellschaft eine tolerante und produktive Fehlerkultur gänzlich fremd. Fehlerforscher kamen in einer internationalen Vergleichsstudie mit 61 Staaten zu dem Ergebnis, dass Deutschland bei der Frage, ob mit Fehlern tolerant umgegangen wird, den vorletzten Platz belegt.[9]

Die in unserer Gesellschaft gepflegte Fehlerkultur ist alles andere als natürlich. Denn unser Gehirn hat keine eingebaute Angst vor Fehlern. Es bestraft sich nicht dafür, einen Fehler gemacht zu haben.[10] Betrachten Sie einmal ein Kind, das laufen lernt. Erst steht es wacklig auf den eigenen Beinen. Der erste Schritt, vielleicht noch der zweite und ... bevor es den dritten Schritt macht, plumpst es hin, meistens auf den windelgeschützten Allerwertesten. Und dann? Schämt es sich in Grund und Boden? Nein, wenn es sich bei der unglücklichen Landung nicht erschreckt oder verletzt hat, sieht seine Reaktion regelmäßig so aus: lachen, aufstehen und noch mal versuchen. Wieder und wieder, und irgendwann klappt es. Es hat bei uns allen irgendwann funktioniert. Gerade weil wir uns als Kinder nicht von Fehlversuchen entmutigen ließen, sondern aus unseren Fehlern lernten und nicht selten auch über sie lachen konnten. So sieht die angeborene Fehlerkultur unseres Gehirns aus.

Der unnatürliche Umgang mit Fehlern in unserer Gesellschaft hat erhebliche Auswirkungen auf unser Entscheidungsverhalten. Er verstärkt die bereits angeborene Abneigung gegenüber Entscheidungen. Aus Angst vor sozialer Ächtung versuchen wir, Fehler zu vermeiden. Einige beschränken sich darauf, lediglich abzustreiten, einen Fehler gemacht zu haben. Aber leider ist die sicherste Möglichkeit, einen Fehler bei einer Entscheidung zu vermeiden, noch immer die, keine Entscheidung zu treffen. Was auf den ersten Blick ebenso logisch wie lächerlich klingt, ist jedoch tatsächlich ein Grund für die in vielen Firmen- und Behördenhierarchien verbreitete, lähmende Krankheit Entscheidungsschwäche. In ihrer ausgeprägtesten Form führt sie zu einem Entscheidungsstillstand *(decision paralysis)* und damit zu Fortschrittsfeindlichkeit und Entwicklungsstopp. Dem kann nur damit begegnet werden, dass ein toleranter und produktiver Umgang mit Fehlern von der Führungsebene vorgelebt wird. Ein einzelner Mitarbeiter kann nur insoweit an sich selbst arbeiten, als er seiner angeborenen Abneigung gegen Entscheidungen aktiv entgegenwirken kann. Wenn jedoch in seinem Arbeitsumfeld eine abschreckende Fehlerkultur gelebt wird, so wagt er aus Angst vor sozialer Ablehnung keine Entscheidungen.

Die von Intoleranz geprägte Fehlerkultur unserer Gesellschaft ist auch an vielen deutschen Gerichten verbreitet, mit ganz erheblichen Folgen. Zum einen zögern viele Richter aus Angst vor Fehlern Entscheidungen immer und immer wieder hinaus, teilweise vermeiden sie Entscheidungen gänzlich. Dies führt dazu, dass viele Verfahren nicht entschieden werden und der Rechtsschutz suchende Bürger vergeblich auf sein Recht warten muss. Zum anderen herrscht in einigen Landgerichten zwischen den einzelnen Strafkammern eine Art »Ranking«. Der Wert des Vorsitzenden der Strafkammer wird inoffiziell und intern davon abhängig gemacht, wie viele Entscheidungen seiner Kammer vom Bundesgerichtshof aufgehoben werden. Eine Urteilsaufhebung wird mit einem Versagen gleichgesetzt. Diese Angst vor einer Urteilsaufhebung wirkt sich – wie in dem eingangs geschilderten Fall – bei einigen Strafrichtern auf die Strafzumessung aus. Denn während ein Angeklagter gegen ein als zu streng empfundenes Urteil einer Strafkammer ganz einfach Revision einlegen kann, hat die Staatsanwaltschaft weitaus schwierigere Hürden zu nehmen, wenn sie gegen ein als zu milde empfundenes Urteil vorgehen möchte.[11] Insbesondere müssen nicht weniger als vier Staatsanwälte in aufsteigender Hierarchie mit der Durchführung der Revision einverstanden sein.

Die anerzogene Angst vor Fehlern kann sich ebenso behindernd auf unser Entscheidungsverhalten auswirken wie unsere bereits angeborene Abneigung gegen Entscheidungen. Der Wunsch nach gesellschaftlicher Anerkennung und die Sorge vor sozialer Ächtung lassen in uns die zwanghafte Vorstellung aufkommen, dass wir immer perfekte Entscheidungen treffen müssen. Doch dieser Wunsch kann nur unerfüllt bleiben.

Die Strategie des Richters

Entscheider haben keine Angst vor Fehlern. Fehler sind wichtig, um aus ihnen zu lernen, sich zu entwickeln und Entscheidungen zu verbessern.

Training für Entscheider

Achten Sie heute bewusst auf Ihre Fehler:

- Wenn Ihnen ein Fehler unterläuft, dann sagen Sie sich: »Sehr gut, eine Chance, um etwas zu lernen!«
- Schreiben Sie auf, was Sie aus dem Fehler gelernt haben.
- Sagen Sie sich abschließend: »Es ist gut, dass ich Fehler mache und daraus lerne!«

Die beste Entscheidung aller Zeiten

> *Es ist besser, unvollkommene Entscheidungen durchzuführen, als beständig nach vollkommenen Entscheidungen zu suchen, die es nicht geben wird.*
>
> Charles de Gaulle (1890–1970)

Stets perfekt entscheiden! Dieser Wunsch steckt tief in jedem von uns. Und in der Geschichte der Menschheit haben sich die unterschiedlichsten »seriösen« Personen, vom Orakel über den Wahrsager bis zum Hellseher, jenes Verlangen zunutze gemacht, um ein einträgliches Geschäft aufzubauen – und natürlich, um den Menschen zu helfen, das stand sicherlich stets an erster Stelle. Doch so groß der Wunsch ist, immer die beste Entscheidung zu treffen, so gering ist leider die Wahrscheinlichkeit, dass er sich erfüllt.

Das Leben ist weder ein Multiple-Choice-Test noch eine Mathematikprüfung. In sehr vielen Fällen lässt sich erst geraume Zeit nach der Entscheidung beurteilen, ob die Entscheidung *im Ergebnis* gut oder schlecht gewesen ist. Oft erscheint einem die getroffene Entscheidung einige Tage oder Wochen später falsch und wieder einige Monate oder Jahre später goldrichtig. Das gilt natürlich auch umgekehrt. Je komplexer und weitreichender die Entscheidung ist, desto mehr hängen ihre Folgen von Ereignissen ab, auf die der Entscheider nicht einmal einen winzigen Einfluss hat, wie die nachfolgende Erzählung darlegt:

In einem kleinen Dorf in China lebte vor vielen Hundert Jahren ein alter Bauer. Der Bauer hatte ein Pferd. Eines Morgens fragte ihn sein Sohn: »Vater, das Zaumzeug ist beschädigt. Darf ich das Pferd ohne Leine grasen lassen?« Der alte Bauer dachte nach: Wenn das Pferd ohne Leine auf der Weide ist, läuft es vielleicht weg. Andererseits braucht das Pferd frisches Futter, und sein Sohn kann es nicht die ganze Zeit über beaufsichtigen. Der Bauer entschied: »Lass es ohne Leine grasen.« Das Pferd lief auf die Weide, doch schon nach kurzer Zeit galoppierte es davon, bevor der Bauer und sein Sohn es einfangen konnten. Als die anderen Leute des Dorfes davon erfuhren, sagten sie: »Es war eine schlechte Entscheidung des Bauern!« Der Bauer sagte nur: »Wer weiß.« Am Abend kehrte das Pferd zurück. Hinter ihm liefen zwei Wildpferde her. Nun hatte der Bauer drei Pferde, und die Leute sagten: »Es war doch eine gute Entscheidung des Bauern!« Aber der Bauer sagte wieder nur: »Wer weiß.« Am nächsten Tag versuchte der Sohn des Bauern, eines der Wildpferde zuzureiten. Der Sohn stieg auf, doch schon nach kurzer Zeit warf das Pferd ihn ab und der Sohn brach sich beide Beine. Als die Leute des Dorfes hiervon erfuhren, sagten sie: »Es war doch eine schlechte Entscheidung des Bauern!« Der Bauer sagte wieder nur: »Wer weiß.« Ein paar Tage später kamen Soldaten in das Dorf und sammelten alle jungen Männer ein. Ein Krieg war ausgebrochen, und die jungen Männer mussten als Soldaten in die Schlacht ziehen. Aber der Sohn des Bauern war zu sehr verletzt. Also nahmen die Soldaten ihn nicht mit. Als die Leute des Dorfes hiervon erfuhren, sagten sie: »Es war doch eine gute Entscheidung des Bauern!« Doch auch dieses Mal sagte der Bauer nur: »Wer weiß …«[12]

Die Geschichte des chinesischen Bauern lässt sich nahezu endlos weiterschreiben. Einmal erscheint die Entscheidung des Bauern goldrichtig, ein anderes Mal grottenfalsch. Je nachdem, welches zukünftige Ereignis hinzugefügt wird. Die Geschichte verdeutlicht sehr anschaulich eine typische Eigenschaft jeder Entscheidung: Sie betrifft die Zukunft. Und wenn eines über die Zukunft gewiss ist, dann, dass sie ungewiss ist. Je weiter sie vorausliegt, desto ungewisser ist sie. Eine perfekte Entscheidung gibt es – wenn überhaupt – nur in sehr wenigen Ausnahmefällen, in simplen Entscheidungssituationen. Das sollte allerdings nicht entmutigen und davon abhalten, Entscheidungen zu treffen, im Gegenteil. Zu wissen, dass jede Entscheidung eine Folge haben kann, die weder vorhersehbar noch in irgendeiner Weise beherrschbar ist, erleichtert einige Entscheidungen ungemein. Wenn Sie beurteilen wollen, ob eine Entscheidung richtig war, sollten Sie nie nur auf das Ergebnis achten, denn ein schlechtes Ergebnis bedeutet nicht zwangsläufig, dass die Entscheidung schlecht getroffen wurde, wie Rolf Dobelli in *Die Kunst des klaren Denkens* dargelegt hat.[13] Wichtiger ist zu prüfen, ob die Gründe für die Entscheidung *zum Zeitpunkt der Entscheidung* vernünftig und plausibel waren.

Übrigens bin ich davon überzeugt, dass wir nicht nur in den seltensten Fällen die perfekte Entscheidung treffen können, sondern dass wir auch nicht immer die perfekte Entscheidung treffen müssen. Es genügt völlig, einige wenige schlechte Entscheidungen zu vermeiden. Der Börsenguru André B. Kostolany (1906–1999) sagte einmal, er habe bei seinen Börsenspekulationen zu 49 Prozent falsch und nur zu 51 Prozent richtig gelegen. Das war immerhin ausreichend, um aus André Kostolany einen Multimillionär zu machen. Ein durchaus akzeptables Ergebnis.

In meinem Beruf kann der Wunsch, perfekt zu entscheiden, geradezu tragikomische Folgen haben:

»Hast du eine Sekunde?«, meine Kollegin streckte den Kopf zur Tür herein. »Für dich doch immer«, antwortete ich. »Gut, ich muss dir erzählen, was mir gerade passiert ist«, begann sie. »Ich habe doch einen Teil der Akten von Herrn Brune übernommen …« – »Oh, das tut mir leid!«, unterbrach ich sie. Herr Brune war ein älterer Kollege, der dafür bekannt war, aus Angst vor Fehlern und dem Wunsch nach Perfektion Entscheidungen immer weiter hinauszuzögern. »Ja, danke, mir auch«, bemerkte meine Kollegin lakonisch, dann fuhr sie fort: »Gerade haben mich zwei Rechtsanwälte besucht. Sie stehen sich in einem Verfahren gegenüber, in dem unser Kollege mehr als 20 Hinweise gegeben hat. Das Verfahren ist fast zehn Jahre alt.« – »Na, dann gehen die Rechtsanwälte mittlerweile auf dem Zahnfleisch, oder? Was wollten die beiden?«, fragte ich. Meine Kollegin grinste: »Dass ich endlich eine Entscheidung treffe. O-Ton: ›Bitte entscheiden Sie das Verfahren! Egal wie es ausgeht, wir werden keine Berufung einlegen. Nur bitte: Entscheiden Sie um Himmels willen endlich dieses Verfahren!‹ Das wollten sie.« – »Und was sagen die beiden Parteien dazu?«, erkundigte ich mich. »Nichts mehr«, erwiderte meine Kollegin. »Beide ursprünglichen Parteien sind mittlerweile gestorben. Der Letzte vor drei Jahren.«

Die Strategie des Richters

Entscheider sind sich bewusst, dass es »die beste« Entscheidung nicht gibt. Unvorhersehbare und unbeherrschbare zukünftige Ereignisse müssen und können nicht berücksichtigt werden. Maßgeblich ist allein, dass eine Entscheidung aus der zum Entscheidungszeitpunkt gegenwärtigen Perspektive vernünftig ist.

Training für Entscheider

Machen Sie sich heute bei Ihren Entscheidungen bewusst, dass das Ergebnis Ihrer Entscheidung von unvorhersehbaren und unbeherrschbaren zukünftigen Ereignissen abhängen kann. Stellen Sie sich daher nur die Frage, ob Ihre Entscheidung zum gegenwärtigen Zeitpunkt vernünftig ist, dann entscheiden Sie »gut«.

»I can't get no satisfaction«

Wenn es schon objektiv betrachtet in komplexen Situationen nicht die beste Entscheidung gibt, können wir dann wenigstens subjektiv die beste Entscheidung treffen? Ja, es ist tatsächlich möglich, eine Entscheidung zu treffen, die subjektiv als »die beste« erscheint. Oder anders formuliert: Sie können eine Entscheidung treffen, mit der Sie voll und ganz zufrieden und glücklich sind. Hierfür müssen Sie nur ein Fan der klassischen Rockmusik sein …

Kennen Sie den legendären Rocksong der Rolling Stones aus dem Jahr 1965? Haben auch Sie das Gefühl, niemals mit einer Entscheidung zufrieden zu sein? Dann sind Sie vermutlich ein Maximizer.

Der amerikanische Sozialwissenschaftler Herbert Alexander Simon (1916–2001) unterschied zwei Sorten von Entscheidern: Maximizer und Satisficer. Die Maximizer verschaffen sich zunächst einen umfassenden und genauen Überblick über sämtliche vorhandenen Optionen, die die von ihnen aufgestellten Kriterien erfüllen, bevor sie eine Entscheidung treffen. Hingegen treffen die Satisficer ihre Auswahl zugunsten der ersten zur Verfügung stehenden Option, die bestimmte Kriterien erfüllt, ohne weitere Optionen zu prüfen.

Extreme Maximizer sind der Albtraum eines Reisebüromitarbeiters. Sie lassen sich mindestens drei Stunden beraten, eine Vielzahl von Angeboten und mehrere Tausend Werbeprospekte vorlegen. Und dann treffen sie endlich ihre Entscheidung? Nein, dann gehen sie zum nächsten Reisebüro. The same procedure ... Hingegen ist ein ausgeprägter Satisficer der Prototyp des Lastminute-Reisenden. Er packt seinen Koffer mit Badehose, Skipullover und Tropenhelm, fährt zum Flughafen und sitzt spätestens eine halbe Stunde später im Flieger nach ... Ja, wohin eigentlich? Da ist sich der Satisficer gar nicht so sicher. Es ging alles viel zu schnell, beim erstbesten Angebot hat er zugeschlagen. Aber er kann schließlich die Stewardess fragen.

Der Prozess der Entscheidungsfindung ist für den Maximizer um einiges komplizierter und langwieriger als für den Satisficer. Und welcher der beiden ist mit seiner Entscheidung zufriedener? Der schnelle und unsorgfältige Satisficer oder der sorgfältige und langsame Maximizer? Nach der aktuellen Studienlage ist die Antwort eindeutig: Es ist der Satisficer. Selbst dann, wenn die Entscheidung des Maximizers objektiv die bessere Entscheidung war, sind die Maximizer mit ihrer Entscheidung subjektiv unzufriedener als die Satisficer. Und nicht nur das, die Maximizer sind während ihres Entscheidungsprozesses nachweislich pessimistischer, gestresster, erschöpfter, besorgter, überforderter und deprimierter, wie Richard J. Gerrig und Philip G. Zimbardo dargelegt haben.[14]

Diese Ergebnisse stehen im Einklang mit den Erkenntnissen, die aus dem beschriebenen Experiment mit den drei Türen auf dem Computerbildschirm von Dan Ariely gewonnen wurden. Wenn wir bereits einen natürlichen Widerwillen empfinden, sogar eine völlig wertlose Option aufzugeben, steht das Gehirn eines Maximizers vor der weitaus schwierigeren Aufgabe, eine oder mehrere wertvolle Optionen aufzugeben. Hingegen muss das Gehirn des Satisficers, der sich gar nicht erst weitere wertvolle Optionen bewusst macht, sondern sich sofort für die erste wertvolle Option entscheidet, diese Aufgabe nicht bewältigen. Dies ist übrigens einer der Gründe, weshalb viele Menschen Restaurants bevorzugen, deren Speisekarte nur eine kleine Auswahl hat. Der andere Grund ist, dass eine Spezialisierung auf wenige Gerichte in der Regel zu einer höheren Qualität dieser Gerichte und einer geringen Ressourcenverschwendung führt. Ein schönes Abendessen wird auf diese Weise nicht schon zu Anfang durch den Stress verdorben, eine Entscheidung zwischen vielen verschiedenen Speisen treffen zu müssen.

Es hat also durchaus Vorteile, ein Satisficer zu sein. Auch dann, wenn die Entscheidung weniger sorgfältig getroffen wurde und verschiedene Optionen gar nicht erst erkannt – oder bewusst übersehen – worden sind, ist das Gefühl der Zufriedenheit größer. Und das selbst dann, wenn die Entscheidung objektiv betrachtet schlechter war.

Sollten Sie selbst ein Maximizer sein, ist dies kein Grund zur Verzweiflung. Es besteht Hoffnung! Denn Sie können lernen, ein Satisficer zu sein. Sie müssen sich allerdings bewusst hierfür entscheiden. Und üben. Es bedarf einiger Überwindung, sich gegen die Suche nach weiteren Optionen zu entscheiden, sobald eine Option gefunden wurde, die die von Ihnen maßgeblichen Kriterien erfüllt.

Um den Entscheidungsprozess des Satisficers zu trainieren, bieten sich einfache und alltägliche Situationen an – wie der Besuch im Restaurant. Lesen Sie eine Speisekarte von oben nach unten. Sobald sie das erste Gericht gefunden haben, das Ihnen grundsätzlich zusagt, beenden Sie sofort die Suche und legen die Speisekarte zur Seite. Das ist – wenn Sie nicht gewohnt sind, auf diese Weise Entscheidungen zu treffen – nicht leicht. Sollte Ihnen diese radikale Satisficer-Methode schwerfallen, können Sie zunächst folgende Variante trainieren: Sobald Sie ein Gericht gefunden haben, das Ihnen zusagt, suchen Sie weiter bis zum nächsten Gericht, das Ihnen ebenfalls gefällt. Beenden Sie nun die Suche und wählen Sie zwischen diesen beiden Gerichten. Die Wahl zwischen zwei Optionen fällt dem Gehirn immer noch leichter als zwischen drei, vier oder fünf Optionen.

Sind Sie schon gespannt zu erfahren, welche Systeme Ihre Entscheidungen treffen, wie Sie diese nutzen können, welche Entscheidungsfehler wir vermeiden sollten und wie sich ein Entscheider-Gehirn entwickeln und trainieren lässt? Bevor wir uns diesen Fragen widmen, müssen wir uns mit der Grundlage, dem Fundament einer (oder sogar jeder?) Entscheidung beschäftigen: dem freien Willen. Können wir Entscheidungen ohne freien Willen treffen? Und – falls dies der Fall sein sollte – treffen wir dann überhaupt noch Entscheidungen? Eine äußerst schwierige Frage, insbesondere aus der Sicht eines Strafrichters: Denn wenn ein Mensch ohne freien Willen handelt, stellt sich die Frage, ob er überhaupt für sein Handeln zur Verantwortung gezogen werden kann.

Kapitel 5
Des Menschen Wille …

»Die Frage ist: Kann meinem Mandanten wirklich ein Vorwurf gemacht werden?«, der junge Rechtsanwalt machte eine dramaturgische Pause. Dann fasste er zusammen: »Wir haben den Bericht der Jugendgerichtshilfe gehört: Seine Eltern haben sich immer mal wieder getrennt; als er elf Jahre alt war, ließen sie sich endlich scheiden. Zuerst lebte mein Mandant bei seiner Mutter und deren neuem Partner. Dann hatte seine Mutter offensichtlich genug von ihm. Mit 13 Jahren kam er zu seinem Vater und dessen neuer Frau, deren Kinder jedoch nicht mit ihm zurechtkamen und gegenüber meinem Mandanten stets bevorzugt wurden. Mit 14 war er kurz bei seiner Mutter, begann aber auch schon, bei Freunden zu übernachten, mal hier, mal da. Er bekam kaum Taschengeld, schlief auch schon mal auf der Straße. Alle seine Freunde hatten tolle Smartphones. Kann man ihm wirklich vorwerfen, dass er die Gelegenheit genutzt hat, als die Zeugin Schmidt ihr iPhone auf der Parkbank neben sich abgelegt hat? Er wollte nicht stehlen. Aber er konnte in diesem Moment nicht anders.«

Entscheiden Sie aus freiem Willen? Halt! Bevor Sie die Frage beantworten, sollten Sie um Erlaubnis fragen. Nein, nicht Ihren Chef. Auch nicht Ihre Ehefrau – wobei das im Zweifel keine schlechte Idee ist. Aber ich meine: Fragen Sie sich selbst. Denn mit der Frage »Entscheiden Sie aus freiem Willen?« habe ich Sie in eine der ältesten Streitigkeiten in der Geschichte der Menschheit hineingezogen. Dafür danken können Sie mir später …

Schon in römischer Zeit machten sich einige kluge Köpfe (wer auch sonst?) Gedanken über das Denken. Genauer gesagt über den Willen des Menschen. Sie kamen zu der Überzeugung: Der Mensch hat einen freien Willen. Und mit diesem freien Willen trifft der Mensch seine Entscheidungen. Ach echt? Schon wenige Hundert Jahre später war man sich da gar nicht mehr so sicher. Die Theologen und Philosophen des Mittelalters gerieten ins Schwitzen, wollten sie den freien Willen des Menschen und Gottes Allmacht in Einklang bringen. Hat der Mensch wirklich einen freien Willen? Ist der Wille nicht vielmehr von Gott mit- und vorgegeben. Und wenn er von Gott gegeben ist, kann er dann wirklich frei sein? Der Kirchenlehrer Augustinus von Hippo (354–430) sah zwar den Willen als von Gott gegeben an. Gleichwohl vertrat er die Auffassung, dass der Wille frei sei. Zwar sehe Gott alle Entscheidungen des Menschen voraus, wisse jedoch lediglich, wie sich der Mensch entscheiden werde, ohne die Entscheidung selbst zu beeinflussen. Sehr viel radikaler wurden zu Anfang des 19. Jahrhunderts die Psychologen (das war so klar!). Vor allem der Begründer der Psychoanalyse, Sigmund Freud (1856–1939), war alles andere als ein Anhänger der Theorie des freien Willens. Er machte sich (freie oder unfreie?) Gedanken über »Gedanken, von denen man nicht weiß, wo sie herkommen«, und die dem »Willen widerstehen«. Ganz gemein zum freien Willen wurden die modernen Hirnforscher um die Jahrtausendwende dank der neuen technischen Untersuchungsmöglichkeiten. Zwar gab es Gehirnuntersuchungen schon Jahrhunderte, ja sogar Jahrtausende früher. Die früheren Hirnforscher standen jedoch vor einem Problem: Hatten sie einmal das Gehirn zur Untersuchung vor sich liegen, so erhielten sie auf ihre Fragen von dem ursprünglichen Hirnbesitzer kaum noch Antworten. Das änderte sich erst mit der Erfindung und Entwicklung der funktionellen Magnetresonanztomografie (fMRT) und der Elektroenzephalografie (EEG). Beide Erfindungen haben den Vorteil, dass das Gehirn während der Untersuchung in seiner natürlichen Verpackung belassen werden kann. Diese Untersuchungsmethoden konnten allerdings nicht bestätigen, dass der Mensch über einen freien Willen verfügt. Der Neurowissenschaftler David Eagleman formuliert es knallhart und sagt, es gebe »keine Möglichkeit, die Existenz der Willensfreiheit nachzuweisen«. Spielverderber.

Wie so häufig liegt die Wahrheit irgendwo in der Mitte. Weder entscheidet der Mensch einzig und allein mit freiem Willen, noch sind seine Entscheidungen immer nur eine bloße, nicht beeinflussbare Reaktion auf seine Umwelt. Vielmehr ist an jeder komplexen Entscheidung (auch) der freie Wille des Menschen beteiligt – ob mit einem großen oder kleinen Anteil, das ist eine Frage, auf die im zweiten Teil dieses Buches ausführlich eingegangen wird.

Auch der Angeklagte in dem zu Beginn dieses Kapitels geschilderten Fall hätte sich anders entscheiden können. Er hat jedoch mit freiem Willen die Entscheidung getroffen, einen anderen Menschen zu bestehlen. Der Wille des Angeklagten war nicht nur frei, sondern auch stark genug, um eine (dumme) Idee zu einer tatsächlichen Entscheidung werden zu lassen. Denn nicht aus jeder klugen oder dummen Idee wird auch eine Entscheidung. Hierfür braucht es etwas, das als *Willenskraft* bezeichnet wird.

Kapitel 6
Wo ein Wille ist, ist auch ein Weg

Ach ja, wenn es doch immer nur so einfach wäre! Der Satz müsste richtigerweise lauten: Wo ein starker Wille ist, ist auch ein Weg. Denn bei *jeder* Entscheidung benötigen wir bereits ein bestimmtes Maß an Willenskraft, um die Barriere zu überwinden, die unsere entscheidungsfeindliche Grundeinstellung aufbaut. Wie viel Willenskraft darüber hinaus erforderlich ist, hängt von der jeweiligen Entscheidung ab. Kaum ein Forscher ist mit der Untersuchung der Willenskraft so eng verbunden wie der Psychologe Roy Baumeister. Mit seiner Arbeit hat er die wesentlichen Grundlagen zum Verständnis der Willenskraft geschaffen und zusammen mit dem Wissenschaftsjournalisten John Tierney in *Die Macht der Disziplin* veröffentlicht. Berühmt geworden ist das sogenannte Radieschen-Experiment, das zu Anfang an den berühmten Marshmallow-Test erinnert, den Walter Mischel mit Vorschulkindern durchgeführt hat:

Einen Tag lang durften die (erwachsenen) Versuchsteilnehmer nichts essen. Am Ende dieses Fastentags führte man sie in einen Raum, in dem es nach frisch gebackenen Plätzchen roch. Psychologen können ja so fies sein! Die Versuchsteilnehmer setzten sich an einen Tisch, auf dem drei unterschiedlich gefüllte Schüsseln standen: eine mit Schokolade, eine mit Plätzchen und eine mit – Sie ahnen es bereits – Radieschen. Während die Versuchsleiter einer Teilnehmergruppe gestatteten, Schokolade und

Plätzchen zu essen, erlaubten sie der anderen Gruppe nur, sich an den Radieschen zu bedienen. Diese Gruppe ließen die Versuchsleiter sogar einige Zeit allein, um sie heimlich zu beobachten. Hierdurch verstärkten sie die von Schokolade und Plätzchen ausgehende Versuchung. Alle Teilnehmer dieser Gruppe blieben jedoch standhaft und aßen weder Schokolade noch Plätzchen. Jetzt folgte der eigentliche Test: Alle Versuchspersonen wurden in einen anderen Raum geführt und erhielten mathematische Aufgaben, die jedoch nicht lösbar waren. Auf diese Weise wollten die Forscher feststellen, wie lange sich die Teilnehmer jeweils mit der Problemlösung beschäftigten. Das erstaunliche Ergebnis: Die Testpersonen, die der Versuchung von Schokolade und Plätzchen widerstehen mussten, gaben im Schnitt bereits nach acht Minuten auf. Die anderen Teilnehmer, denen gestattet worden war, sich an Schokolade und Plätzchen zu bedienen, hielten mehr als doppelt so lange durch, nämlich durchschnittlich 20 Minuten.

Hieraus ergaben sich mehrere grundlegende Schlussfolgerungen, die auch in weiteren Experimenten bestätigt werden konnten:

- Wir verfügen nicht über spezielle Willenskräfte für unterschiedliche Teilbereiche unseres Lebens, etwa eine Willenskraft für Sport, eine für mathematische Aufgaben, eine für Diäthalten usw. Vielmehr gibt es nur *eine einzige Willenskraft*, die von unterschiedlichen Aufgaben »angezapft« werden kann. Die Willenskraft, die die Versuchsteilnehmer aufbringen mussten, um nicht von der Schokolade und den Keksen zu naschen, ist dieselbe Willenskraft, die sie einsetzen mussten, um bei dem Lösungsversuch der unlösbaren mathematischen Aufgaben durchzuhalten.

- Willenskraft kann ausgeschöpft werden und erschöpft sein. Willenskraft ist vergleichbar mit einem Muskel,[15] der bei intensivem oder länger andauerndem Gebrauch ermüdet. Ist die Willenskraft erschöpft, sind wir kaum mehr in der Lage, eine Entscheidung zu treffen oder unsere Aufmerksamkeit zu fokussieren. Deshalb erfreuen sich im Fernsehen und im Internet Trash-Formate großer und zunehmender Beliebtheit, und zwar unabhängig von einer bestimmten Bildungsschicht. Denn unsere Willenskraft wird – unabhängig von unserer Bildungsschicht – im täglichen Kampf mit unzähligen unwichtigen Entscheidungen erschöpft. Um die Sendung mit Trash-Format zu verfolgen benötigen wir keine besondere Aufmerksamkeit, wir können uns nebenbei »berieseln« lassen.
- Die vielleicht verblüffendste Schlussfolgerung, die Baumeister zog, wurde durch ein weiteres Psychologenteam unter der Leitung von Jonathan Levar überprüft, und das ausgerechnet an meinen israelischen Richter-Kollegen.

Hungrig, Euer Ehren?

Würden Sie sich bitte einmal strafbar machen? Nur in Gedanken natürlich! Bitte stellen Sie sich vor, Sie befinden sich in finanziellen Schwierigkeiten. Plötzlich kommt Ihnen ein (dummer) Gedanke. Ihr Nachbar bewahrt in seiner Besenkammer einen unbezahlbaren Picasso auf. Da er Ihnen ohnehin seine Hausschlüssel anvertraut hat, damit Sie im Urlaub seine Blumen gießen, warten Sie eines Morgens ab, bis Ihr Nachbar zu seiner Arbeitsstelle fährt. Sie begeben sich in das Haus, nehmen das Bild aus der Besenkammer und werden beim Verlassen des Hauses auf frischer Tat erwischt. Sie kommen vor Gericht und werden zu einer Freiheitsstrafe von vier Jahren verurteilt. Alle Rechtsmittel scheitern. Sie greifen zu einem letzten Strohhalm und stellen ein Gnadengesuch. Jetzt meine Frage: Wann möchten Sie, dass der Richter über Ihr Gnadengesuch entscheidet: um 8:30 Uhr, 11:45 Uhr, 13:05 Uhr oder 16:10 Uhr?

Sind Sie verwirrt? Wählen Sie die Uhrzeit mit Sorgfalt aus! Der Zeitpunkt der Entscheidung bewirkt einen gewaltigen Unterschied. Jedenfalls bei meinen Kollegen in Israel – und es gibt nicht die geringsten Anhaltspunkte dafür, dass es hierzulande anders wäre. Das Psychologenteam unter Leitung von Levar untersuchte mehr als 1000 Urteile israelischer Bewährungsrichter, die über Gnadengesuche zu entscheiden hatten. Hierbei stellten sie fest: Die Häftlinge, über deren Gesuche am frühen Vormittag oder frühen Nachmittag entschieden wurde, hatten eine Chance von 60 bis 70 Prozent, freigelassen zu werden. Hingegen lag die Chance der Häftlinge, deren Gesuche am späten Vormittag oder späten Nachmittag entschieden wurden, lediglich bei 10 bis 15 Prozent. Sind Sie überrascht? Dann wird Sie die Erklärung hierfür noch weiter überraschen. Schuld hat die Gerichtskantine ...

Entscheidungen benötigen – wie bereits beschrieben – Willenskraft. Das gilt für Entscheidungen von Richtern ebenso wie für alle anderen Entscheidungen. Einen entscheidenden Einfluss auf die menschliche Willenskraft hat der Blutzuckerspiegel. Ein niedriger Blutzuckerspiegel schwächt die Willenskraft des Menschen. Und entgegen einer in meinem Kollegenkreis verbreiteten

Auffassung sind Richter auch nur Menschen. Roy Baumeister und John Tierney bringen es in ihrem Buch auf den Punkt: Wo keine Glucose ist, da ist auch kein Wille.[16] Und wo kein Wille ist, da ist keine Entscheidung. Nachdem die Bewährungsrichter den Vormittag gearbeitet und Entscheidungen getroffen hatten, war ihr Blutzuckerspiegel kurz vor dem Mittagessen auf ein niedriges Niveau abgesunken und mit ihm ihre Willenskraft. Es fehlte den Richtern daher an Willenskraft, eine (eigene) Entscheidung zu treffen. Deshalb übernahmen sie die bereits getroffene (fremde) Entscheidung. Für dieses Vorgehen wird nur sehr wenig Willenskraft benötigt. Anders ausgedrückt haben sie die Entscheidung getroffen, nicht (abweichend) zu entscheiden. In Bayern würde man sagen: »Passt scho!«. Nach dem Mittagessen war der Blutzuckerspiegel der Richter wieder deutlich angestiegen, sodass sie über ausreichende Willenskraft verfügten, um eine eigene (abweichende) Entscheidung zu treffen, indem sie dem Gnadengesuch stattgaben und damit die ursprüngliche Entscheidung abänderten. Dieses Spiel wiederholte sich am späten Nachmittag. Der Blutzuckerspiegel und mit ihm die Willenskraft waren erneut deutlich abgesunken, was die Richter wiederum dazu veranlasste, den Status quo zu halten und daher dem Gnadengesuch nicht stattzugeben. Dass wir auch für den Erhalt des Status quo und seine Folgen die Verantwortung tragen, wird leider allzu häufig vernachlässigt.

Hieraus ergeben sich zwei wichtige Empfehlungen:

- Treffen Sie niemals wichtige Entscheidungen, wenn Sie einen niedrigen Blutzuckerspiegel haben. Für eine starke Entscheidung fehlt es Ihnen sonst womöglich an Willenskraft.

- Falls Sie jemals ein Gnadengesuch stellen müssen und Ihr Verhandlungstermin auf den späten Nachmittag fallen sollte, bringen Sie dem Richter einen Kuchen mit!

Die Strategie des Richters

Entscheider treffen wichtige Entscheidungen, bevor ihre Willenskraft erschöpft ist. Viele unwichtige Entscheidungen zehren die Willenskraft auf und ein niedriger Blutzuckerspiegel schwächt die Willenskraft.

Training für Entscheider

Achten Sie bewusst auf Ihre Willenskraft.

Ordnen Sie Ihre Entscheidungen in einer Liste nach deren Wichtigkeit.

Nehmen Sie sich nicht zu viele wichtige Entscheidungen für einen Tag vor.

Achten Sie auf einen ausreichenden Blutzuckerspiegel.

Treffen Sie die wichtigen Entscheidungen zuerst.

Legen Sie gezielte Entscheidungspausen vor den Mahlzeiten ein.

Entgegen einer weitverbreiteten Annahme findet die Haupttätigkeit eines Richters nicht im Sitzungssaal, sondern im Büro hinter einem Schreibtisch statt. Nur etwa acht Stunden wöchentlich leite ich Sitzungen, vernehme Zeugen und verkünde Urteile im Sitzungssaal, etwa die fünffache Zeit verbringe ich an meinem Schreibtisch. Dort treffe ich Entscheidungen über den Erlass von Strafbefehlen, die Zulassung der Anklagen, die Eröffnung und Vorbereitung der Hauptverhandlung, die Bestellung von Pflichtverteidigern usw. All diese »kleinen« Entscheidungen verbrauchen Willenskraft. Damit ich während der Verhandlungen im Sitzungssaal nicht zu wenig Willenskraft habe, ist es eine meiner Regeln, die »kleinen« Entscheidungen nicht zu treffen, wenn ich an demselben Tag zu einem späteren Zeitpunkt noch in den Sitzungssaal muss. Das bedeutet: An den Tagen, an denen ich im Sitzungssaal Verhandlungen leite und Urteile fälle, also »große« Entscheidungen treffe, die viel Willenskraft erfordern, bearbeite ich am gleichen Tag vorher keine Akten und treffe keine »kleinen« Entscheidungen. Auf diese Weise spare ich Willenskraft. Auch vermeide ich es, an diesen Tagen schwerwiegende private Entscheidungen zu treffen, weil ich weiß, dass dann meine Willenskraft erschöpft ist und dies meine Entscheidung maßgeblich beeinflussen würde.

Übrigens benötigen nicht nur verschiedene Arten von Entscheidungen unterschiedlich viel Willenskraft. Auch die einzelnen Phasen einer Entscheidung verbrauchen nicht dasselbe Maß an Willenskraft.

Aller guten Dinge …

Bill C. sucht eine neue Praktikantin, nachdem seine alte Praktikantin überraschend und aus einem nichtigen Anlass gekündigt hat. Auf die Stellenausschreibung bewerben sich Sophie (25), Nadja (26) und Andrea (35). Bill führt mit jeder Bewerberin ein Vor-

stellungsgespräch, studiert ihre Lebensläufe und Zeugnisse. Dann überlegt er, welche der Bewerberinnen wohl für die Praktikantenstelle am besten geeignet ist. Seine Wahl fällt schließlich auf Nadja. Er ruft Nadja an und teilt ihr mit, dass er sich für sie entschieden hat. Gleich am nächsten Montag beginnt Nadja mit der Arbeit. Nach vier Wochen zieht Bill ein erstes Resümee und überlegt, ob er richtig entschieden hat.

Eine Entscheidung ist nicht einfach nur *eine* Entscheidung. Sie besteht aus drei Phasen: *Vor*entscheidung, *Haupt*entscheidung und *Nach*entscheidung. Hat sich der Mensch erst einmal ein bestimmtes Ziel gesucht, etwa die Anschaffung eines neuen Autos, die Auswahl eines Gerichtes von der Speisekarte oder wie im Beispielsfall die Einstellung einer neuen Praktikantin, beginnt das, was man Vorentscheidung nennt: die Schaffung und die Bestimmung möglicher Optionen einschließlich der jeweiligen Konsequenzen. Für den hier gewählten Beispielsfall bedeutet das die Stellenausschreibung und Entgegennahme der Bewerbungen, die Durchführung der Bewerbungsgespräche sowie die Feststellung der Vor- und Nachteile der einzelnen Bewerberinnen.

Erst im Anschluss an diese Vorentscheidung kommt es zu der Entscheidung im eigentlichen Sinn, also der Auswahl einer bestimmten Option. Deshalb wird diese Phase des Entscheidungsprozesses auch als Hauptentscheidung bezeichnet. Im Beispielsfall ist die Auswahl von Nadja die Hauptentscheidung. Hiermit wählt Bill C. die Option Nadja und nicht die Optionen Sophie und Andrea.

Den Abschluss des Entscheidungsprozesses bildet die Umsetzung der getroffenen Entscheidung. Hierzu zählen die Benachrichtigung von Nadja über ihre erfolgreiche Bewerbung und gegebenenfalls die Benachrichtigungen der übrigen Bewerberinnen. Auch eine spätere Auswertung der getroffenen Wahl, also die Prüfung, ob das Ergebnis der Entscheidung zufriedenstellend ist, fällt in diesen Abschnitt des Prozesses. Es handelt sich um die Nachentscheidungsphase.

In der Entscheidungspsychologie werden Vor-, Haupt- und Nachentscheidungsphase übrigens als Präselektion, Selektion und Postselektion bezeichnet. Diese Fachausdrücke muss man nicht unbedingt kennen, und ich habe noch nicht getestet, ob sich dieses Wissen zum Angeben auf einer Party eignet.

Jede einzelne dieser Entscheidungsphasen benötigt ein bestimmtes Maß an Willenskraft. Doch welcher Abschnitt verbraucht die meiste Willenskraft? Um diese Frage zu beantworten, entwickelte die Psychologin Kathleen Vohs das folgende Experiment.[17]

Nach dem Zufallsprinzip wurden die Teilnehmer des Experiments drei Gruppen zugewiesen. Die erste Gruppe sollte sich einen Überblick über die verschiedenen Optionen auf einer Website verschaffen, auf der man sich einen Computer zusammenstellen kann. Sie sollten Preise vergleichen, Festplatten, Bildschirme usw., also eine klassische Vorentscheidung treffen. Die zweite Gruppe erhielt die Aufgabe, mithilfe einer Liste mit ausgewählten Eigenschaften den Computer zusammenzustellen, also die Umsetzung einer Entscheidung durchzuführen, die Nachentscheidung. Die dritte Gruppe musste selbst entscheiden, welche Teile ihr Computer haben sollte, ihnen oblag also die Hauptentscheidung. Ein anschließender Test, in welchem Anagramme gelöst werden sollten, zeigte, dass die Teilnehmer der Hauptentscheidungsgruppe viel schneller aufgaben als die

Angehörigen der beiden anderen Gruppen. Ihre Aufgabe, die Hauptentscheidung, hatte die meiste Willenskraft verbraucht.

Regelmäßig benötigt also die mittlere Phase, die Hauptentscheidung, das größte Maß an Willenskraft. Dies gilt insbesondere für unsere typischen Alltagsentscheidungen, bei denen die drei Entscheidungsabschnitte, vor allem die Haupt- und die Nachentscheidung, in einem engen zeitlichen Zusammenhang stehen und die Nachentscheidung wenig komplex ist. Das ist der Fall bei einem Einkauf im Supermarkt, einem Essen im Restaurant oder einem Kinobesuch. In diesen Fällen schließt sich die Nachentscheidung, also die Umsetzung der Hauptentscheidung, unmittelbar an die Hauptentscheidung an. So folgt der Auswahl der Lebensmittel im Supermarkt der Kauf an der Kasse, der Auswahl des Gerichts auf der Speisekarte die Bestellung beim Kellner und der Auswahl des Kinofilms der Erwerb der Kinokarten.

Etwas mehr Willenskraft wird benötigt, wenn die Nachentscheidungsphase nicht unmittelbar an die Hauptentscheidung anschließt und von längerer Dauer ist. Wenn Sie sich entschieden haben, jeden zweiten Tag eine Stunde joggen zu gehen, dann benötigen Sie zur Umsetzung dieser Entscheidung, für die Nachentscheidung, anfangs mehr Willenskraft, nämlich jedes Mal, wenn Sie die Hauptentscheidung umsetzen. Sie treffen jedes Mal erneut eine kleine Hauptentscheidung (*Gehe ich jetzt wirklich laufen oder nicht?*). Haben Sie jedoch die Nachentscheidung als feste Routine in Ihren Wochenrhythmus integriert, verbrauchen Sie weniger Willenskraft. Denn Routinen sparen Willenskraft – hierzu kommen wir noch.

Die meiste Willenskraft für die Nachentscheidung wird benötigt, wenn die Nachentscheidung aus mehreren komplexen Schritten besteht, die sich zeitlich nicht unmittelbar an die

Hauptentscheidung anschließen und von längerer Dauer sind. Haben Sie beispielsweise die Entscheidung getroffen, dass Sie heiraten wollen, wird Ihre Willenskraft häufig im Rahmen der Nachentscheidungsphase extrem gefordert – so etwa bei der Vorbereitung der standesamtlichen Trauung, der Planung der Hochzeitsfeier, dem Erwerb des Brautkleids, der Auswahl der Einladungskarten. Viele komplexe und einzelne Schritte im Rahmen der Nachentscheidungsphase sind erforderlich, die wiederum mehrere Einzelentscheidungen erfordern. Hier wird die Willenskraft aufs Äußerste beansprucht und nicht selten erschöpft, sodass viele Hochzeitspläne wieder aufgegeben werden.

Nachdem ich zum Beispiel die Entscheidung getroffen hatte, ein Buch über die vielen Missstände der Justiz zu schreiben, dauerte es etwa vier Monate, bis ich den ersten Entwurf ausgearbeitet hatte. Etwa zwei weitere Monate benötigte ich, um einen Verlag zu finden, der bereit war, das Buch zu veröffentlichen. Nach weiteren acht Monaten hielt ich zum ersten Mal ein Exemplar meines ersten Buches *Urteil: Ungerecht – Ein Richter deckt auf, warum unsere Justiz versagt* in den Händen. Im Verlauf dieser insgesamt 14 Monate haben mich sehr viele Freunde angesprochen. Sie zeigten sich besorgt, gaben zu bedenken, welche negativen Auswirkungen ein solches Buch auf meine Karriere als Richter haben würde. Ich führte zahlreiche stundenlange Gespräche mit dem Inhalt »Lass es lieber sein«. Es boten sich viele Gelegenheiten, meine Entscheidung aufzugeben. Als ich die ersten Kapitel geschrieben habe und seitens meiner Freunde und Kollegen Bedenken geäußert wurden. Als ich die Ablehnung mehrerer Verlage oder gar keine Rückmeldung erhielt. Als mir meine Lektorin bei unserem ersten Treffen die deutliche Ansage machte: »Gute Ansätze, aber Sie haben noch eine Menge Arbeit vor sich!«

Es ergeben sich immer wieder günstige Gelegenheiten, um eine Entscheidung aufzugeben. Tun Sie es nicht! Es lohnt sich durchzuhalten.

Die Wahrscheinlichkeit, dass eine gute Entscheidung mangels ausreichender Willenskraft wieder aufgegeben wird, ist umso größer, je länger und komplexer die Nachentscheidungsphase ist. Werden Entscheidungen mit langer und komplexer Nachentscheidungsphase getroffen, muss für die Nachentscheidungsphase stets ein ausreichendes Maß an Willenskraft »reserviert« werden. Anders formuliert: Wenn Sie eine Entscheidung treffen, deren Umsetzung viele langwierige Einzelschritte benötigt, achten Sie besonders darauf, Ihre Willenskraft nicht für andere Entscheidungen aufzubrauchen.

Wenn Sie beispielsweise die Entscheidung getroffen haben zu heiraten, dann benötigen Sie für die Umsetzung dieser Entscheidung eine Menge Willenskraft. Zapfen Sie Ihre Willenskraft nicht gleichzeitig dafür an, sich das Rauchen abzugewöhnen (»Christa mag es nicht, dass ich rauche ...« – sie mag es bestimmt noch weniger, wenn Sie die Entscheidung, sie zu heiraten, wieder aufgeben) oder Diät zu halten (»Ein paar Kilogramm weniger, und ich sehe in meinem Hochzeitskleid fantastisch aus.« – Es ist schon toll, wenn Sie in Ihrem Hochzeitskleid überhaupt aussehen). Besonders anstrengende Vorsätze – sich das Rauchen abgewöhnen oder Diät halten – benötigen sehr viel Willenskraft. Denn Ihr Bewusstsein – der Wunsch, das Rauchen aufzugeben oder abzunehmen – kämpft dauerhaft gegen Ihr Unterbewusstsein – den Wunsch nach einer Zigarette oder nach Essen. In diesen Lebensphasen fällt es besonders schwer, weitere wichtige Entscheidungen zu treffen. Das muss bei der Lebensplanung unbedingt berücksichtigt werden. Daher bietet es sich an, die Diät oder die Nichtraucherphase im Urlaub zu beginnen, wenn nur wenige wichtige Entscheidungen getroffen werden müssen. Denken Sie immer an den Vergleich der Willenskraft mit der Muskelkraft und gehen Sie an den Tagen, an denen Sie eine wichtige Entscheidung treffen möchten, sparsam mit Ihrer Willenskraft um. Wenn Sie einen Marathon laufen wollen, werden Sie am gleichen Tag auch nicht eine anstrengende Bergwanderung unternehmen, sondern Ihre Kräfte für das wichtige Ereignis schonen.

Die Strategie des Richters

Entscheider wissen, dass die Nachentscheidungsphase umso mehr Willenskraft benötigt, je länger und komplexer sie ist. Deshalb reservieren sie für die Umsetzung ihrer Entscheidungen immer ein ausreichendes Maß an Willenskraft.

Training für Entscheider

Machen Sie sich heute bei Ihren Entscheidungen die drei Phasen einer Entscheidung bewusst.

Sammeln und bewerten Sie bewusst die einzelnen Optionen in der Vorentscheidungsphase.

Treffen Sie eine Auswahl der Option, die die von Ihnen aufgestellten Kriterien am besten erfüllt. Machen Sie sich bewusst, dass diese Hauptentscheidungsphase regelmäßig die meiste Willenskraft erfordert.

Setzen Sie die getroffene Entscheidung in der Nachentscheidungsphase um, indem Sie die erforderlichen Schritte hierfür einleiten.

Ich empfehle, diese Schritte zu Übungszwecken einmal schriftlich in Stichwörtern zu fixieren. Hierdurch ist es leichter, die einzelnen Phasen zu verinnerlichen.

Der sparsame Umgang mit der Ressource Willenskraft und der bewusste und an den einzelnen Entscheidungsphasen orientierte Einsatz sind die beste Garantie dafür, dass eine Entscheidung mit einem starken Willen getroffen wird. Und wenn der Wille doch schwach wird? Keine Sorge, auch dem lässt sich vorbeugen.

Übung macht den Meister

> *Das Geheimnis des außerordentlichen Menschen ist in den meisten Fällen nichts als Konsequenz.*
>
> Buddha (560–480 v. Chr.)

In jeder Stunde – nicht nur anlässlich des neuen Jahres – werden weltweit Milliarden guter Entscheidungen getroffen. Leider werden ebenfalls in jeder Stunde – nicht nur spätestens am Tag der Heiligen Drei Könige – weltweit Milliarden guter Entscheidungen wieder aufgegeben. Hochrangige Wissenschaftler haben unter Verwendung modernster Technologien den Grund für dieses Phänomen herausgefunden und können die Frage beantworten, warum so viele Menschen so viele gute Entscheidungen so oft aufgeben: Es fehlt ihnen an Willenskraft.

Da kann man halt nichts machen. Es gibt nun einmal Menschen, die haben Willenskraft, und andere, die haben keine. Das liegt in den Genen. Eine wunderbare Ausrede, um das Rauchen nicht aufzugeben, keinen Sport zu treiben und nicht Diät zu halten. Oder ist es mehr als eine Ausrede? Ist die Willenskraft eines bestimmten Menschen eine unveränderliche Größe? Hat jeder Mensch von Natur aus ein bestimmtes individuelles Niveau von Willenskraft, oder kann die Willenskraft entwickelt, aufgebaut und trainiert werden? Vielleicht trifft der Vergleich der Willenskraft mit einem Muskel auch insofern zu, als sich Willenskraft entwickeln lässt und durch Training an Stärke und Ausdauer gewinnt.

Um diese Theorie zu prüfen, führte Roy Baumeister gemeinsam mit seinen Kollegen Mark Muraven und Dianne Tice ein interessantes Experiment durch:[18] Zunächst ermittelten die Versuchsleiter die Willenskraft jedes einzelnen Teilnehmers des Experiments. Zur Ermittlung der Willenskraft wurden unterschiedliche Tests angewandt, etwa die Hand für einen möglichst langen Zeitraum in eiskaltes Wasser zu tauchen oder – im vorliegenden Fall – einen Handexpander möglichst lange zusammenzudrücken. Im Anschluss wurde eine Übung durchgeführt, um die Willenskraft zu erschöpfen wie zum Beispiel die bereits beschriebene Aufgabe, mathematisch unlösbare Aufgaben zu bearbeiten. Abschließend wurde der Test zur Ermittlung der Willenskraft wiederholt. Auf diese Weise konnte die Willenskraft jedes Versuchsteilnehmers zu Beginn des Experiments ermittelt werden. Sodann teilten die Versuchsleiter die Teilnehmer in drei Gruppen ein, von denen jede für einen Zeitraum von zwei Wochen eine bestimmte Aufgabe erhielt. Eine Gruppe sollte so oft wie möglich eine gerade und aufrechte Körperhaltung einnehmen. Zur Erklärung: Die Versuchsteilnehmer waren Studenten. Und aus eigener Erfahrung weiß ich, die meisten Studenten wissen nicht einmal, wie aufrechte Haltung geschrieben wird. Eine zweite Gruppe sollte schriftlich ihre Ernährung festhalten, sich also intensiv selbst beobachten, die Essgewohnheiten jedoch nicht verändern. Die dritte Gruppe sollte sich um positive Stimmung und Emotionen bemühen. Nach Ablauf von zwei Wochen wiederholten die Teilnehmer denselben Test zur Ermittlung der Willenskraft wie zu Beginn des Experiments. Die Forscher gingen davon aus, dass die dritte Gruppe, die sich um positive Stimmung und Emotionen bemühen sollte, die größte positive Veränderung der Willenskraft aufweisen würde. Mächtig großer Irrtum!

Sich in positive Stimmung zu versetzen, wirkte sich auf die Willenskraft überhaupt nicht aus. Die besten Resultate erzielte tatsächlich die erste Gruppe, die sich um eine aufrechte Körperhaltung bemühen sollte. Und mit der gelernten aufrechten Haltung konnte sie ihren Sieg jetzt auch stolz erhobenen Hauptes feiern. Bemerkenswert an dem Ergebnis war, dass die erste Gruppe zwar, als der Eingangstest – Zusammendrücken des Handexpanders – wiederholt wurde, kaum bessere Ergebnisse erzielte als zwei Wochen zuvor. Der Zeitraum, den die Gruppenteilnehmer den Expander zusammendrücken konnten, hatte sich kaum verlängert. Nachdem jedoch die Übung zur Erschöpfung der Willenskraft durchgeführt worden war, schnitten sie bei dem zweiten Test erheblich besser ab. Sie konnten also jetzt den Expander deutlich länger zusammendrücken als noch vor zwei Wochen. Hieraus ließ sich schlussfolgern, dass ihre Willenskraft zwar (kaum) stärker geworden war, wohl aber erheblich an Ausdauer gewonnen hatte.

Auch die beiden australischen Psychologen Meg Oaten und Ken Cheng konnten mit ihren Experimenten belegen, dass regelmäßige Fitnessübungen die Willenskraft erheblich verbessern können.

Das klingt jetzt aber anstrengend: regelmäßige Fitnessübungen? Gibt es keine andere Möglichkeit für die bewegungsarmen Couch-Potatoes? Doch, es gibt einen Trick, den Sie schon heute anwenden können.

Geiz ist geil!

Erinnern Sie sich an die vielen Entscheidungen, die Sie jeden Morgen treffen müssen? Wecker ausschalten oder nicht, aufstehen oder liegen bleiben, zuerst ins Bad oder in die Küche, was esse ich zum Frühstück und – worst, but least – was ziehe ich heute an? Jeder Morgen begrüßt uns mit mehreren Dutzend, manchmal mehr als 100 Entscheidungen. Entscheidungen, die unsere Willenskraft schon zu Beginn des Tages beanspruchen, bevor wir mit den wichtigen Entscheidungen überhaupt konfrontiert werden.

Es gibt einen Trick, um bei diesen Alltagsentscheidungen Willenskraft zu sparen. Das magische Wort lautet: Routine. Eine Routine ist nichts weiter als eine bestimmte Handlungsabfolge, die durch mehrmalige Wiederholung zur Gewohnheit wird. Sobald sie Gewohnheit geworden ist, müssen die einzelnen Entscheidungen innerhalb der Handlungsabfolge nicht erneut bewusst getroffen werden. Hier ein einfaches Beispiel aus meinem Alltag, meine Morgenroutine:

Wecker ausstellen, aufstehen, in die Küche gehen, zwei Gläser Wasser trinken, eine Schüssel mit Haferflocken und Milch leer essen, ins Badezimmer gehen, duschen, rasieren, anziehen (meine Kleidung suche ich bereits am Vorabend heraus), Schlüssel, Autoschlüssel, Handy und Brieftasche einpacken, Schuhe anziehen, Haus verlassen.

Jeder Wochentag beginnt gleich. O Mann, wie langweilig! Ganz genau, Sie haben den Nagel auf den Kopf getroffen. Es ist langweilig, jeder Morgen ist gleich, ohne neue Entscheidung. Und damit spart diese Routine Willenskraft ein. Denn wenn ich bestimmte Vorgänge immer gleich ausführe, spare ich mir die Entscheidungen der einzelnen Schritte. Ich treffe einmal die Entscheidungen, die in einer bestimmten Routine enthalten sind. Sobald ich diese Routine verinnerlicht habe, muss ich sie nur noch wiederholen. Die Entscheidungen bei den einzelnen Schritten habe ich längst getroffen, ich muss nicht wieder neu entscheiden.

Untersuchen Sie Ihren Alltag ganz bewusst darauf, ob sich bestimmte Abschnitte für Routinen eignen. Klassisch sind Morgen- und Abendroutinen, da Sie hierbei am wenigsten von Fremdeinwirkungen gestört werden. Aber auch in jedem Arbeitsalltag im Büro lassen sich hervorragend Routinen einbauen. Zum Beispiel können Sie jeden Tag eine halbe Stunde festlegen, in der Sie ausschließlich einer bestimmten Tätigkeit nachgehen, etwa E-Mails von Kollegen oder Kundenanfragen beantworten. Je mehr Routinen Sie festlegen, desto weniger Entscheidungen müssen Sie treffen. Je weniger Entscheidungen Sie treffen, desto weniger Willenskraft verbrauchen Sie.

Die Strategie des Richters

Entscheider haben viele Tagesroutinen, um Willenskraft für wichtige Entscheidungen zu sparen.

Training für Entscheider

Überlegen Sie heute, wo sich in Ihrem Tages- und Wochenrhythmus Routinen einbauen lassen und wie eine regelmäßige Routine für Sie aussehen könnte.

- Routinen lassen sich am besten dort einbauen, wo täglich oder wöchentlich bestimmte wiederkehrende Aufgaben zu erledigen sind.
- In der Regel sind solche Abschnitte des Tages besonders geeignet, an denen Sie weitgehend unbeeinflusst von anderen Menschen sind.
- Entwickeln Sie heute mindestens eine Tages- oder Wochenroutine.
- Wenn Sie eine Routine entwickelt haben, achten Sie darauf, dass sie diese mindestens 14 Tage konsequent täglich befolgen, wenn es sich um eine Tagesroutine handelt, bzw. acht Wochen konsequent wöchentlich, wenn es sich um eine nur einmal wöchentlich auftretende Routine handelt.

Es dauert einige Zeit, bis eine Routine »in Fleisch und Blut« übergegangen ist. Erst wenn dies erfolgt ist und die Routine unterbewusst abgerufen werden kann, sparen Sie Willenskraft.

Die unbequeme Bank

Ist Ihnen die Redewendung »etwas auf die lange Bank schieben« bekannt? Sie wird gebraucht, wenn jemand eine Entscheidung sehr lange hinauszögert und aufschiebt. Der Ursprung dieser Redensart hat tatsächlich etwas mit meinem Berufsstand zu tun. In früherer Zeit, etwa seit dem 17. Jahrhundert, wurden die Akten bei Gericht in einer langen Truhe aufbewahrt, die Ähnlichkeit mit einer Sitzbank hatte. War diese Truhe bereits voll, so legte man die Gerichtsakten auf die Truhe. Kam eine neue Akte hinzu, wurden die bereits dort liegenden, aber noch nicht entschiedenen Akten weiter, also auf die lange Bank, geschoben. Natürlich wird heute nicht mehr auf diese Weise bei Gericht gearbeitet! Ich kann Ihnen versichern, dass kein Richter Akten auf eine lange Bank schiebt, weil er sich nicht entscheiden will. Solche Akten kommen heute auf das Fensterbrett.[19]

Wer kennt sie nicht, die unerledigten Entscheidungen! Mit ihnen quälen wir uns herum. Immer und immer wieder kommen sie uns in den Sinn, bei den unpassendsten Gelegenheiten, ähnlich einem Ohrwurm. Wir werden von dieser »Gedankenbelästigung« erst befreit, wenn wir die aufgeschobene Entscheidung endlich getroffen haben. Warum ist unser Gehirn so gemein zu uns? Ich möchte Ihr und auch mein Gehirn in Schutz nehmen: Es ist gar nicht gemein. Besser gesagt, es will das gar nicht sein. Der sogenannte Zeigarnik-Effekt, benannt nach seiner Entdeckerin, der sowjetischen Gestaltpsychologin Bljuma Wulfowna Zeigarnik, hat durchaus eine äußerst nützliche Funktion: Unser Unterbewusstsein will unser Bewusstsein nur freundlich daran erinnern, dass eine bestimmte Aufgabe noch nicht erledigt ist. Und diese Erinnerungsfunktion übernimmt unser

Unterbewusstsein äußerst gewissenhaft. Ich kenne das von meiner Ehefrau: »Schatz, du denkst doch dran, dass ...«

Wie können wir dem Zeigarnik-Effekt entkommen? Auch das weiß ich aus meiner Erfahrung als Ehemann sehr gut, am besten, indem man(n) die Aufgabe erledigt. Jedoch haben Baumeister und Tierney, die Autoren des Buches *Die Macht der Disziplin*, herausgefunden, dass sich der Zeigarnik-Effekt auch auf andere Weise abschalten lässt.[20] In einem Experiment forderten sie die Teilnehmer auf, über wichtige Projekte nachzudenken. Eine Gruppe sollte Aufgaben aufschreiben, die sie kürzlich erledigt hatte. Eine andere Gruppe sollte solche Aufgaben aufschreiben, die noch anstanden, und einen Plan skizzieren, wie sie diese Aufgaben zu erledigen gedachte. Eine dritte Gruppe sollte nichts aufschreiben. Im Anschluss wurde mit ihnen ein Aufmerksamkeitstest durchgeführt und sie wurden gefragt, ob sie während des Tests von ihren unerledigten Aufgaben abgelenkt worden waren. Das Ergebnis zeigte, dass die Gruppe, die bereits einen Plan zur Erledigung der anstehenden Aufgaben notiert hatte, sich sehr gut bei dem Test konzentrieren konnte und kaum abgelenkt worden war – im Gegensatz zu den beiden anderen Gruppen.

Ähnliche Experimente bestätigten: Ein fester Plan hebt den Zeigarnik-Effekt für unerledigte Aufgaben auf. Das Unterbewusstsein hört auf, das Bewusstsein immer wieder zu erinnern. Voraussetzung ist allerdings, dass es sich um einen sehr konkreten Plan mit konkreten Handlungsanweisungen handelt, z.B.: »Montag: Vertragsangebote bis Donnerstag anfordern; Freitag: Vertragsangebote sichten und ordnen; Montag: Angebote auf drei Optionen reduzieren; Mittwoch: Optionen mit X besprechen; Donnerstag: Option auswählen – Ende.«

Die Strategie des Richters

Entscheider treffen ihre Entscheidung so bald wie möglich. Müssen sie eine Entscheidung aufschieben, haben sie einen konkreten Plan zur Erledigung der Entscheidung.

Training für Entscheider

Überlegen Sie heute, welche Entscheidung Sie schon längere Zeit vor sich herschieben, sodass sie Ihnen immer wieder ein schlechtes Gewissen bereitet.

- Schreiben Sie diese Entscheidung auf.
- Entwickeln Sie einen konkreten und schriftlichen Zeitplan für Ihre Entscheidung.
- Legen Sie ein genaues Datum fest, an dem Sie drei Optionen für Ihre Entscheidung schriftlich fixieren.
- Legen Sie ein genaues Datum fest, an dem Sie die Auswahl einer Option treffen.
- Legen Sie schließlich ein genaues Datum fest, an dem Sie diese getroffene Entscheidung umsetzen.

Lassen Sie sich nicht von dem Zeigarnik-Effekt in Ihrer Fokussierung und Konzentration stören, indem Sie Entscheidungen hinauszögern und aufschieben. Wenn eine Entscheidung nicht sofort getroffen werden kann, lässt sich der Zeigarnik-Effekt überlisten – anders als eine Ehefrau, ich hab's versucht.

Fazit: Unsere Einstellung zu Entscheidungen ist nicht die beste. Gegen komplexe Entscheidungen haben wir bereits aufgrund unserer evolutionären Entwicklung eine angeborene Abneigung, die durch unsere Erziehung, insbesondere die schädliche Fehlerkultur unserer Gesellschaft, noch verstärkt wird. Unser Gehirn stellt Willenskraft in begrenztem Umfang zur Verfügung, die (auch) für unsere Entscheidungen benötigt wird. Willenskraft ist eine begrenzte und kostbare Ressource, die von den vielen unwichtigen Entscheidungen, die uns bereits nach dem Aufstehen am frühen Morgen erwarten, aufgezehrt wird. Deshalb müssen wir Strategien und Techniken beherrschen, um unsere Willenskraft zu erhalten und zu stärken.

Kapitel 7
Verantwortung – die befreiende Last

Für seine Handlungen sich allein verantwortlich fühlen und allein ihre Folgen, auch die schwersten, tragen, das macht die Persönlichkeit aus.

Ricarda Huch (1864–1947)

Wer trägt die Verantwortung für die Folgen unserer Entscheidung? Blöde Frage! Natürlich wir. Frage beantwortet. Nächstes Kapitel. Halt, einen Moment mal! Diese Antwort ist zu schlicht, zu schwarz-weiß. Wo bleiben denn da die wichtigen Graustufen? Von denen gibt es so viele, dass vor einigen Jahren über 50 dieser Graustufen sogar ein Film gedreht wurde. Also stellen wir die Frage erneut: Wer trägt die Verantwortung für die Folgen unserer Entscheidung?

Tatsächlich differenziert unsere Gesellschaft bei der Frage nach der Verantwortung für die Folgen einer Entscheidung zwischen guten und schlechten Folgen. Für die guten Folgen einer Entscheidung übernimmt sehr gerne derjenige die Verantwortung, der die Entscheidung getroffen hat. Hat zum Beispiel Herr Müller eine Aktie gekauft und ist die Aktie gestiegen, dann hat er einen guten Riecher gehabt, ein goldenes Händchen. Spricht Richter Meier eine Bewährungsstrafe aus und kehrt der Angeklagte tatsächlich auf den rechten Weg zurück, so hat Richter Meier gute Menschenkenntnis und unfehlbare Erfahrung. Etwas anderes gilt, wenn die Folgen der Entscheidung negativ sind. Dann übernimmt nicht derjenige die Verantwortung, der die Entscheidung getroffen hat, sondern er erklärt vielmehr, wo die Verantwortung tatsächlich liegt. Ist die von Herrn Müller erworbene Aktie gefallen, dann hat der Aktienmarkt sich schlecht entwickelt oder ein Anlageberater eine schlechte Empfehlung gegeben. Ist der von Richter Meier zu einer Bewährungsstrafe verurteilte Täter erneut straffällig geworden, sind unvorhersehbare Umstände und äußere Einflüsse schuld daran.

Für die positiven Folgen einer Entscheidung ist also der Entscheider verantwortlich, für die negativen Folgen trägt wer auch immer die Verantwortung, jedenfalls nicht der Entscheider. Endlich eine differenzierte Sichtweise, nicht so ein schlichtes Schwarz-Weiß. Und bequem ist dieses Verständnis von Verantwortung außerdem. Der Philosoph, Managementberater und Führungsexperte Reinhard K. Sprenger bemerkte: *»Ich habe noch niemanden sagen hören: Was bin ich froh, dass alle dafür gesorgt haben, dass ich pünktlich hier bin. Meine Armbanduhr hat funktioniert, das Auto ist angesprungen, und die vielen Autofahrer sind zu Hause geblieben, sodass ich ohne Staus und Unfälle pünktlich ankommen konnte.«*[21] Bemerken Sie den leicht ironischen Unterton? Gut, dann ist alles in Ordnung. Aber – ketzerisch gefragt – warum sollten wir überhaupt auch für die negativen Folgen unserer Entscheidung die Verantwortung übernehmen? Was bringt es oder – noch egoistischer formuliert – was bringt es *uns*?

Ich habe nicht ein Experiment, nicht eine Statistik, nicht eine Studie gefunden, die das belegt, wovon ich mit absoluter Gewissheit überzeugt bin: Die Verantwortung für *alle* Folgen unserer Entscheidung zu übernehmen, bringt uns nicht weniger als Achtung vor uns selbst und den Respekt anderer! Albert Einstein sagte einmal: »*Nicht alles, was zählt, kann gezählt werden, und nicht alles, was gezählt werden kann, zählt.*« Auch wenn mir wissenschaftliche Belege für meine Behauptung fehlen, möchte ich Ihnen ein Beispiel aufzeigen für dieses Verständnis einer umfassenden Verantwortung für die Folgen einer Entscheidung. Beurteilen Sie selbst, ob meine These zutrifft, dass Selbstachtung und Respekt der Lohn für die Übernahme der Verantwortung für sämtliche Folgen der Entscheidung sind.

Köln, 5. September 1977

RAF-Terroristen entführen den Arbeitgeberpräsidenten Hanns Martin Schleyer auf offener Straße, ermorden seinen Fahrer und drei Leibwächter. Ziel der Entführung ist die Freipressung weiterer Terroristen, die in der Justizvollzugsanstalt Stuttgart einsitzen. Infolge dieses feigen und hinterhältigen Angriffs wird die Hauptstadt mit massivem Polizeiaufgebot abgesichert. Bonn gleicht einer Festung unter Belagerung: bewaffnete Polizeibeamte, Straßensperren, Panzerfahrzeuge. Ein Krisenstab über alle Parteigrenzen hinweg wird eingerichtet, ihm gehören der ehemalige Bundeskanzler Willy Brandt und Herbert Wehner ebenso an wie Franz Josef Strauß und der spätere Bundeskanzler Helmut Kohl. Die Verantwortung für sämtliche Entscheidungen trägt letztlich jedoch nur ein einziger Mann: Bundeskanzler Helmut Schmidt.

Nachdem fünf Wochen später, am 13. Oktober 1977, weitere Terroristen zur Unterstützung der Schleyer-Entführer die Lufthansa-Maschine »Landshut«, eine Boeing 737 mit 91 Passagieren, kapern und nach einer Odyssee in Mogadischu, der Hauptstadt Somalias, landen, trifft Helmut Schmidt die schwerste Entscheidung seiner

Amtszeit: Er befiehlt einer Eliteeinheit des Bundesgrenzschutzes, der GSG 9, unter Kommando von Ulrich Wegener, das Flugzeug zu stürmen.

Innerhalb von nur sieben Minuten ist die »Operation Feuerzauber« durchgeführt. Um 0:12 Uhr klingelt im Kanzleramt das Telefon. Staatsminister Hans-Jürgen Wischnewski meldet aus Somalia Bundeskanzler Helmut Schmidt: »Auftrag ausgeführt.« Schmidt erkundigt sich: »Wie viele Tote habt ihr?« Wischnewski antwortet: »Keine toten Geiseln. Zwei Verletzte.«

Am nächsten Tag geben die RAF-Terroristen die Ermordung Hanns Martin Schleyers bekannt.

Jeder Mensch kann in eine Situation geraten, in der seine Entscheidung – mag sie auch noch so vernünftig gewesen sein – zu schlimmen Ergebnissen führen kann. Ergebnisse, die zwar nicht gewünscht und nicht gewollt sind, von denen man jedoch zum Zeitpunkt der Entscheidung weiß, dass sie mit Sicherheit oder sehr wahrscheinlich eintreten werden. In eben dieser Situation befand sich Bundeskanzler Helmut Schmidt im Oktober 1977. Als er nach sorgfältiger Überlegung entschied, die entführte Lufthansa-Maschine »Landshut« in Mogadischu von Bundespolizeibeamten der Grenzschutzgruppe (GSG) 9 stürmen zu lassen, war er sich darüber im Klaren, dass die Geiselbefreiung auch in einer Katastrophe enden könnte. Ebenfalls wusste Schmidt, dass eine mögliche und naheliegende Folge einer erfolgreichen Geiselbefreiung die Ermordung des entführten Arbeitgeberpräsidenten Hanns Martin Schleyer sein könnte, als Racheaktion der RAF-Terroristen. Bundeskanzler Helmut Schmidt übernahm für beide

Folgen seiner Entscheidung die volle Verantwortung. Für den Fall, dass bei der Erstürmung mehrere Geiseln sterben würden, hatte er sich entschlossen, als Bundeskanzler zurückzutreten. Zu diesem Zweck, erklärte er später, lag bereits ein Rücktrittsgesuch an den Bundespräsidenten in seiner Schreibtischschublade. Die Möglichkeit, die Verantwortung auf die GSG9-Beamten, schlechte Berater oder ungünstige Bedingungen bei der Erstürmung abzuwälzen, war für Schmidt völlig inakzeptabel. Gleiches gilt für die Ermordung des Arbeitgeberpräsidenten Schleyer als Racheaktion der RAF-Terroristen. Auch für diese Folge seiner Entscheidung übernahm Schmidt die volle Verantwortung und erklärte sogar noch am 26.04.2013, ihm sei »noch immer sehr klar bewusst«, dass er trotz allen redlichen Bemühens am Tod von Hanns Martin Schleyer schuld sei. Denn theoretisch hätte er auf das Austauschangebot der RAF eingehen können.

Die große Anerkennung und Bewunderung, die Helmut Schmidt weit über die Grenzen Deutschlands und Europas hinaus auch immer noch erfahren hat, nachdem er bereits lange Zeit nicht mehr Bundeskanzler war, ist darauf zurückzuführen, dass er für alle Folgen seiner Entscheidungen die Verantwortung übernahm. Er unterlag nie der Versuchung, die Verantwortung auf die Umstände, das unberechenbare Verhalten der Terroristen, die ungünstige Situation, schlechte Berater oder menschliches Versagen abzuwälzen. Dieser unwürdige Weg, der heute von Politikern aller Couleur allzu oft gewählt wird, kam für Helmut Schmidt niemals in Betracht. Sein vorbildliches Verständnis von Verantwortung führte nicht nur zu der eigenen hohen Selbstachtung, sondern brachte ihm den Respekt unzähliger Menschen in vielen Generationen ein, unabhängig von sozialem Stand, Religion oder Staatsangehörigkeit.

Leben Sie damit!

»Aber manchmal ist es ganz schön schwer, die Verantwortung für die Folgen der eigenen Entscheidung zu tragen!«, mögen manche einwenden. Das ist richtig. Doch wenn es leicht wäre, würde es jeder tun. Und wenn es jeder tun würde, würden wir dem keine Beachtung schenken. Respekt haben wir in der Regel nicht vor üblichem Verhalten, sondern vor außergewöhnlichen Leistungen.

Gibt es einen besonderen Trick, um die Verantwortung für die negativen Folgen eigener Entscheidungen leichter zu ertragen? Leider nicht. Allein ein gewisser Stärkungseffekt stellt sich ein, wenn das hier beschriebene Verständnis von Verantwortung konsequent befolgt wird. Sie kennen sicherlich die Redewendung »Man wächst an seinen Aufgaben«. Die Persönlichkeit eines Entscheiders wächst, wenn er konsequent für die Folgen seiner Entscheidungen die Verantwortung übernimmt. Auf diese Weise ist er in der Lage, zunehmend die Verantwortung für Entscheidungen zu übernehmen, deren Folgen immer weitreichender sein können. Aber leicht wird ihm die Übernahme der Verantwortung niemals fallen. Wie also gehen Sie mit der Verantwortung für schlimme Folgen Ihrer Entscheidung um? Es ist ebenso einfach wie schwer: Leben Sie damit!

Der folgende Fall hat sich während der Niederschrift dieses Buches ereignet:

»Er hat gesagt: Was der Junge behauptet, ist alles Fantasie!« Der Dolmetscher blickt mich an. Ich habe ein ungutes Bauchgefühl. Zwar ist die Aussage des Jungen eindeutig. Nach seiner Aussage hat der Mann, der nun vor mir sitzt, ihn in seine Garage gezwungen

und dort sexuell belästigt. Der Junge hat alles genau beschrieben. Die Polizei hat Fotos in der Garage gemacht. Sie stützen die Aussage des Jungen, er hatte das Innere der Garage genau so beschrieben. Und doch ... Irgendetwas stimmt nicht. Ich verlasse mich nicht auf mein Bauchgefühl, sondern erlasse einen Haftbefehl. Der Mann kommt in Untersuchungshaft. Drei Tage später klingelt mein Bürotelefon. »Der Junge hat in der zweiten Vernehmung zugegeben, gelogen zu haben. Er und seine Freunde wollten dem Mann nur eins auswischen. Nichts davon stimmt«, erklärt der junge Polizeibeamte. Ich beende das Telefonat und rufe sofort den zuständigen Staatsanwalt an. Kurze Zeit später wird der Mann aus der Haft entlassen. Er ist unschuldig. Er ist unschuldig und hat drei Tage im Gefängnis gesessen.

Wer trägt die Verantwortung dafür, dass ein Unschuldiger drei Tage im Gefängnis gesessen hat? Natürlich der Junge, denn er hat gelogen. Natürlich die Polizeibeamten, denn sie haben den Jungen nicht so lange befragt, bis er die Wahrheit gesagt hat. Natürlich der Unschuldige selbst, denn wenn er unschuldig war, hätte er sich stärker verteidigen müssen. Natürlich die Umstände, die Situation, das Wetter ... Meine Antwort auf die Frage lautet: Ich selbst trage die Verantwortung. Ende.

Fällt es mir leicht, die Verantwortung dafür zu tragen? Nein, es ist mir noch nie leichtgefallen, einen Menschen ins Gefängnis zu bringen, und zwar unabhängig davon, ob er schuldig oder unschuldig ist. Wie gehe ich damit um? Ich lebe damit. Und im Gegensatz zu dem Menschen, der aufgrund meiner Entscheidung unschuldig im Gefängnis gesessen hat, habe ich tatsächlich eine Wahl. Ich *will* die Verantwortung für die Folgen meiner

Entscheidung übernehmen, er konnte nicht wählen, ob er ins Gefängnis kommt oder nicht.

Die Strategie des Richters

Entscheider übernehmen die Verantwortung für *alle* Folgen ihrer Entscheidung, für die guten wie für die schlechten, sie entscheiden verantwortungsvoll.

Training für Entscheider

- Übernehmen Sie heute die volle Verantwortung für Ihre Entscheidungen.
- Geben Sie heute für eine schlechte Folge einer Ihrer Entscheidungen niemand anderem die Schuld, weder einer Person noch ungünstigen Umständen.
- Übernehmen Sie heute bewusst die volle Verantwortung für die schlechte Folge Ihrer Entscheidung.
- Machen Sie sich bewusst, dass Sie es nur dann verdienen, die Verantwortung für die guten Folgen Ihrer Entscheidung zu tragen, wenn Sie auch bereit sind, für sämtliche schlechten Folgen Ihrer Entscheidung die Verantwortung zu tragen.

Für diese Übung eignen sich hervorragend Alltäglichkeiten, etwa eine Verspätung (Standen Sie im Stau?), eine Unachtsamkeit (Haben Sie sich an der Supermarktkasse unhöflich verhalten?) oder ein Flüchtigkeitsfehler (Haben Sie einem Kollegen ein falsches Formular gegeben?).

Entscheider-Wissen I

- Das menschliche Gehirn hat eine angeborene Abneigung insbesondere gegen komplexe und zu viele Entscheidungen, es wurde entwickelt, um leichte und wenige Entscheidungen zu treffen.
- Die Fehlerkultur unserer Gesellschaft verstärkt die angeborene Abneigung gegen Entscheidungen; aus anerzogener Angst vor sozialer Ächtung werden Entscheidungen vermieden, um Fehler zu vermeiden.
- Die perfekte Entscheidung existiert nur unter Laborbedingungen, da unvorhersehbare und unbeherrschbare zukünftige Ereignisse das Ergebnis einer Entscheidung grundlegend verändern können.
- Ob eine Entscheidung richtig war, ist maßgeblich danach zu bestimmen, ob die Gründe für die Entscheidung *zum Zeitpunkt der Entscheidung* vernünftig und plausibel waren.
- Es gibt nur eine Willenskraft, die vergleichbar ist mit einem Muskel, sie kann trainiert und entwickelt, aber auch erschöpft werden.
- Ein niedriger Blutzuckerspiegel schwächt unsere Willenskraft.
- Die meiste Willenskraft fordert regelmäßig die Hauptentscheidung, während die Vorentscheidung (Optionensuche) und die Nachentscheidung (Umsetzung) sehr viel weniger Willenskraft erfordern.
- Eine permanente Beanspruchung wie eine Diät schwächt die Willenskraft.

Teil II: Entscheiden können

Wer nicht kann, was er will, muss wollen, was er kann. Denn das zu wollen, was er nicht kann, wäre töricht.

Leonardo da Vinci (1452–1519)

Kapitel 8
Es war einmal …

Der Mann ist hochgewachsen und läuft aufrecht auf zwei Beinen. In seinem Gesicht prangt ein ungepflegter und struppiger Vollbart, seine Kleidung kann man als primitiv bezeichnen. Waffen aus Eisen trägt er nicht bei sich. Ihm gegenüber, nur wenige Schritte entfernt, steht ein etwa 150 Kilogramm schweres Wildschwein.

Können Sie sich diese urzeitliche Szene vorstellen? Es ist eine Situation, mit der unsere Vorfahren oft konfrontiert waren. Jahrtausendelang gehörte das Wildschwein zu dem wichtigsten Jagdwild des Menschen. Die Jagd war sehr gefährlich, nicht selten endete sie tödlich. Allerdings ereignete sich die gerade geschilderte Begegnung zwischen Mensch und Wildschwein nicht 10 000 Jahre vor unserer Zeit, sondern vor etwa 15 Jahren im Bonner Kottenforst. Und der Typ mit dem struppigen Bart und der schlichten Kleidung – zerrissene Jeans und altes T-Shirt – bin ich. Dabei hat der Tag so schön begonnen:

Der Himmel ist blau, die Sonne lacht. Seit einer Stunde spaziere ich im Wald umher und denke über mein bevorstehendes Staatsexamen nach. Trotz des schönen Wetters begegnen mir kaum Spaziergänger. Plötzlich raschelt es ein paar Meter vor mir im Gebüsch. Ein junges Wildschwein kommt hervor, ein Frischling. Richtig niedlich. Und noch eins. Und noch eins. Und kurz danach, die Familienähnlich-

keit ist unverkennbar, ihre Mutter, eine ausgewachsene Wildsau. Sie ist nicht so niedlich wie ihre Kinder. Und irgendwie schaut sie mich wütend an. Ich glaube nicht, dass sie mich mag …

Wie würden Sie entscheiden? Ich darf Sie beruhigen: Im Zweifel genau richtig. Denn für solche Situationen sind Sie bestens ausgerüstet mit Ihrem Gehirn oder besser: Ihren Gehirnen.

Bitte erschrecken Sie jetzt nicht: Es befindet sich nicht nur ein Hirn in Ihrem Kopf. Es sind mehrere, vier, um genau zu sein. Falls Sie mir nicht glauben, schauen Sie doch nach! Sie werden den Hirnstamm, das Kleinhirn, das Zwischenhirn und das Großhirn finden. Und all diese Hirne treffen Entscheidungen? Kein Wunder, dass da so einiges schiefgeht! Nein, ganz so schlimm ist es nicht. Entscheidungen werden – soweit wir bisher wissen – nur von zwei Gehirnen getroffen. Die beiden Helden der menschlichen Entscheidungsgeschichte sind das Zwischenhirn und das Großhirn. Und wie jede gute Geschichte beginnt auch diese mit »Es war einmal«.

Es war einmal kein Mensch. Ein seltsamer Beginn für die Geschichte des menschlichen Gehirns. Aber so ist es. Die Evolution hat das Gehirn nicht etwa für den Menschen neu erfunden. Die ersten Menschen bekamen vielmehr von der Natur das mitgegeben, was schon geschaffen worden war und sich bewährt hatte. Vor 500 Millionen Jahren entwickelte sich der Hirnstamm, der bis heute bei allen Wirbeltieren nahezu gleich aufgebaut ist, bei Amphibien, Fröschen und Reptilien kaum anders als beim Menschen. Alle lebenswichtigen Funktionen werden von hier aus automatisiert gesteuert, insbesondere Atmung und Herzschlag, ohne dass wir uns darum kümmern müssen; dafür bin ich sehr dankbar, ich würde das mit der Atmung bestimmt vergessen. Nur ein paar Minuten und etwa 100 Millionen Jahre später gesellte sich das Kleinhirn hinzu, das die Koordination unserer Muskelbewegungen übernimmt und beispielsweise dafür sorgt, dass wir geradeaus laufen, aufrecht sitzen oder unsere Zähne putzen können. Während sich der Hirnstamm jedoch im Lauf der Evolution nur wenig veränderte – möglicherweise wollte die Evolution bei der Schaltzentrale der überlebenswichtigen Funktionen keine Experimente eingehen –, übernahm das Kleinhirn auch weitere Funktionen.[22]

Und da sind wir noch immer nicht beim menschlichen Gehirn angelangt, aber immerhin schon beim Säugetiergehirn, wie das Zwischenhirn auch genannt wird. Tatsächlich haben wir diese Hirnstrukturen mit Affen, Elefanten, Wieseln, Hunden und Meerschweinchen gemeinsam – auch mit anderen Säugetieren, aber diese fielen mir spontan ein, was übrigens auch an meinem Zwischenhirn liegt, aber hierzu kommen wir noch. Auch das Säugetiergehirn entwickelte sich lange Zeit vor dem ersten Menschen vor rund 150 Millionen Jahren. Im Zwischenhirn sind überlebenswichtige Instinkte, Empfindungen und Triebe wie Hunger und Durst sowie der Fortpflanzungstrieb angesiedelt.

Und nun kommt der Star der Show: das Großhirn. Es verdient seinen Namen völlig zu Recht, denn es ist der größte und höchstentwickelte Teil des Gehirns. Und dieser Teil wurde erstmals für die Krone der Schöpfung, den Menschen, erschaffen? Nein, eigentlich nicht ... Aber immerhin verfügen nur Säugetiere über die Großhirnrinde. Erst nach der Trennung der evolutionären Wege der Menschen und Affen vor etwa sieben Millionen Jahren legte das Hirnwachstum des Menschen zu. Zunächst allerdings nur mit der Geschwindigkeit eines Beamten am Montagmorgen. Erst vor etwa 190 000 Jahren hatte unser Gehirn insbesondere durch die Gewichtszunahme des Großhirns allmählich die Größe erreicht, die eine Entwicklung des heutigen Menschen ermöglichte. Und erst diese Entwicklung erlaubt es uns, Entscheidungen zu treffen wie den Bau der gewaltigen Pyramiden, die Suche eines Seewegs nach Indien oder die Produktion von *Germanys Next Topmodel.*

Und wo genau treffen wir jetzt zum Beispiel die Entscheidung, weiße Socken zu einer schwarzen Hose anzuziehen? Im Großhirn vorne rechts oder im Zwischenhirn hinten links? Das wüsste ich auch gern. Vielleicht könnte ein gezielter Schlag auf die entsprechende Kopfstelle für Abhilfe sorgen. Dank der funktionellen Magnetresonanztomografie wissen wir jedoch, dass keine Entscheidung an nur einer ganz bestimmten Stelle des Gehirns getroffen wird. Unser Gehirn arbeitet mit verschiedenen Systemen. Deshalb sind bei der Wahrnehmung bestimmter Aufgaben ganze Hirnareale, manchmal auch mehrere, aktiver als andere. Völlig ausgeschaltet ist das Gehirn ohnehin nie, es befindet sich allenfalls in einer Art Stand-by-Modus. Auch für die wichtige Aufgabe, Entscheidungen zu treffen, hat das Gehirn zwei Systeme eingerichtet, die überwiegend im Groß- und im Zwischenhirn angesiedelt sind. Und so erstaunlich es auch klingen mag, diese beiden Systeme sind an der Entscheidung, welche Speise Sie in Ihrem Lieblingsrestaurant wählen, ebenso beteiligt wie an der Entscheidung von Warren Buffet, eine Investition von 50 Millionen Dollar vorzunehmen, der Entscheidung von US-Präsident Harry S. Truman, Atombomben auf Hiroshima und Nagasaki zu werfen, oder meiner Entscheidung, den Angeklagten wegen Körperverletzung zu 13 Monaten Freiheitsstrafe zu verurteilen.

Nun aber zurück zur Wildsau-Geschichte zu Beginn dieses Kapitels. Ich stehe immer noch der Wildsau gegenüber, deutlich unterlegen in der Gewichtsklasse, und sollte langsam eine Entscheidung treffen. Wie würden Sie entscheiden? Wägen Sie in aller Ruhe sämtliche Optionen ab. Sie könnten sich mit der Wildsau anfreunden und ein beruhigendes Lied summen. Etwas mit Tieren. Vielleicht die Titelmelodie zu *Ein Schweinchen namens Babe*. Wie geht die doch gleich? Aber vielleicht mögen Wildschweine gar keine Musik. Eine andere Option wäre es, die Borstentiere zu verscheuchen. Sie könnten die Laute eines größeren Raubtieres nachahmen, eines Tigers vielleicht, aber vielleicht weiß die Wildsau nicht, wie ein Tiger klingt. Die wenigsten Wildschweine beherrschen Fremdsprachen, es gab da mal einen Artikel im *Spiegel*. Sie könnten … Es ist gut, dass wir solche Situationen nicht auf diese Weise entscheiden. Die Entscheidung trifft nämlich unser limbisches System.

Entwickelt vor etwa 1,8 Millionen Jahren, bestehend aus relativ einfachen Hirnstrukturen, gliedert sich das limbische System in mehrere anatomische Strukturen, unter anderem in die sogenannte Amygdala (altgriech. für Mandelkern, aufgrund ihrer Größe und ihres Aussehens), die an jeglicher Form der Erregung beteiligt ist: Angst und Furcht, aber auch affekt- und lustbetonter Empfindung. Das limbische System wurde perfekt an das Leben unserer Vorfahren angepasst. Es ist in der Lage, Bedrohungen blitzschnell zu identifizieren und ebenso schnell auf sie zu reagieren. Es arbeitet unbewusst und reflexartig, ohne nachzudenken und emotional.[23] Ihm verdanken wir, dass unsere Spezies bis heute überlebt und sich ganz nebenbei zur höchstentwickelten Spezies des Planeten herausgebildet hat.

Mein Wildschwein-Problem war wie geschaffen für das limbische System – oder vielmehr das limbische System war wie geschaffen für mein Wildschweinproblem. Im Wesentlichen kennt es zwei Entscheidungsmöglichkeiten: Flucht oder Angriff. Also Weglaufen oder »den Obelix machen«. Da nur wenig gallisches Blut durch meine Adern fließt, entschied sich mein limbisches System gegen einen Angriff. Die Grundentscheidung lautete daher: Flucht!

Und wie sollte diese Flucht stattfinden? Panisch und laut schreiend weglaufen? Das würde das limbische System wahrscheinlich so machen mit der möglichen Konsequenz, dass die hektische Bewegung Mama Sau erst so richtig reizt und sie angreift. Als Mutter von drei Jungtieren ist sie im Zweifel etwas angespannt. Wer kann es ihr übel nehmen! Glücklicherweise muss das limbische System nicht alles selbst richten. Es hat einen jüngeren Teamkollegen.

Etwa 1,5 Millionen Jahre nach dem limbischen System entwickelte sich in der Großhirnrinde der präfrontale Cortex. Hier wird das Bewusstsein des Menschen, der Sitz seiner Persönlichkeit, verortet. Und hier schaltet und waltet ein System, mit dem wir nachdenken, Gedanken konstruieren, komplexe Probleme lösen, uns konzentrieren und fokussieren können. Es ist dafür verantwortlich, dass wir eine Rechenaufgabe wie 24 x 13 ebenso bewältigen können, wie wir eine Steuererklärung anfertigen oder die juristischen Examensprüfungen bestehen können. Dieses Netzwerk arbeitet kontrolliert und zukunftsorientiert, strategisch und flexibel. Es arbeitet bewusst. Allerdings befindet es sich noch in der anfänglichen Testphase, schließlich ist es erst seit höchstens 300 000 Jahren im Einsatz.

Dieses System kann die Grundentscheidung des limbischen Systems ausgezeichnet umsetzen. Hierfür kennt es nicht nur die Möglichkeit einer panischen Flucht, sondern auch die eines überlegten taktischen Rückzugs. Langsam rückwärts gehen, die Sau im Auge behalten, den Abstand vergrößern, dann umdrehen und zügig weggehen. Für eben jene Option entschied sich mein Netzwerk im präfrontalen Cortex – mit Erfolg.

Die Wildschwein-Geschichte zeigt, dass beide Systeme im Teamwork großartige Dienste leisten können. Tatsächlich sind alle Entscheidungen, die wir treffen, das Gemeinschaftsprojekt dieser beiden Systeme. Im Idealfall wirken beide in einer bestimmten Entscheidungssituation mit genau dem richtigen Faktor zusammen. Dann kann gar nichts mehr schiefgehen. Wir würden nur noch gute Entscheidungen treffen. Ach ja, das wäre toll! Aber leider übernimmt das Netzwerk im limbischen System in zu vielen Situationen die Führungsrolle. Und das Netzwerk im präfrontalen Cortex beschränkt sich allzu oft auf die Rolle des bloßen Entscheidungsumsetzers, obwohl es sehr viel mehr kann.

Kapitel 9
Heiß oder kalt? – Zwei Systeme

Bevor wir die beiden Entscheidungssysteme etwas genauer betrachten, müssen wir uns noch über ihren Namen einigen. Bisher hat man sich über keinen einheitlichen Namen für diese beiden Systeme verständigen können, obwohl mehrere großartige Wissenschaftler bereits als Taufpaten zur Verfügung standen. Der Persönlichkeitspsychologe Walter Mischel (1930–2018) nennt das unbewusst handelnde Netzwerk im limbischen System das *heiße System* und das bewusst handelnde Netzwerk im präfrontalen Cortex das *kühle System*.[24] Der Nobelpreisträger Daniel Kahneman verwendet die Begriffe *System 1* für das unbewusste und *System 2* für das bewusste Netzwerk.[25] Sehr kreativ ist der renommierte Sozialpsychologe John Bargh, er bezeichnet das unbewusste Netzwerk als den »weißen Bauch des Alligators«.[26] Mir persönlich gefallen die Bezeichnungen von Walter Mischel, sie sind nicht zu sachlich und nicht zu fantastisch, sondern halten die goldene Mitte. Ja, ich weiß, da kommt einmal mehr der Jurist zum Vorschein. Ich kann eben nicht aus meiner Haut. Und deshalb werden Sie im Folgenden von dem heißen System und dem kühlen System lesen.

Beide Systeme sind nicht nur räumlich eng miteinander verbunden, sondern stehen in einer Wechselbeziehung zueinander: Je stärker ein System bei einer Entscheidung beteiligt ist, desto schwächer ist der Anteil des jeweils anderen. Während das kühle

System im Neocortex in eine Art Stand-by-Modus versetzt werden kann, lässt sich das heiße System nicht einfach abschalten, es ist stets aktiv. Und deshalb ist es an jeder Entscheidung immer mitbeteiligt. Starker Stress schwächt das kühle und stärkt das heiße System.[27] In einer Stresssituation gibt das heiße System die Grundentscheidung, die dann regelmäßig von unserem kühlen System umgesetzt wird, insbesondere dann, wenn die Umsetzung komplexer Natur ist. Diese Arbeitsteilung kann bei einigen überlebenswichtigen Entscheidungen ein grundlegender Vorteil sein. Jedoch können auch völlig harmlose Situationen derart starken Stress auslösen und das heiße System aktivieren, obwohl eine überlegte Entscheidung des kühlen Systems angemessen wäre. Und genau hier liegt das Problem. Viele der typischen Entscheidungsfehler haben ihre Ursache in einer Grundentscheidung des heißen Systems. Denn das heiße System hat vor allem zwei Eigenschaften, die ebenso nützlich wie schädlich sein können.

Assoziierender Angsthase

Kennen Sie noch die Gameshow *Familien-Duell* aus den 1990er-Jahren? Zwei Familien mit jeweils fünf Personen treten gegeneinander an. Der Moderator stellt eine Aufgabe, die etwa wie folgt beginnt: »100 Personen haben wir gefragt: Nennen Sie etwas, das ...«. Dann folgt etwas Alltägliches wie »in einem Badezimmer zu finden ist«, »in keinem Picknickkorb fehlen darf« oder »sich in einem Schulranzen befindet«. Ziel der Teams ist es, so schnell wie möglich die häufigste Antwort zu finden, die von den 100 befragten Personen gegeben wurde. Diese

Gameshow ist die Lieblingssendung unseres heißen Systems. Denn es ist der Weltmeister im Assoziieren. Eine kleine Vorführung:

Bitte ergänzen Sie zu den folgenden Begriffen spontan ein Wort:

- schwarz – ...
- hoch – ...
- klein – ...
- alt – ...

Die Wahrscheinlichkeit ist sehr groß, dass die Wörter weiß, tief, groß und jung/neu zu Ihrer Wahl gehören. Da hat Ihr heißes System seine Finger im Spiel. Ein Wort ruft sofort bestimmte Erinnerungen an andere Wörter wach. Das funktioniert übrigens nicht nur mit Wörtern, sondern auch mit Emotionen. Schon der Kontakt mit Wörtern kann unsere Gefühle und unser Verhalten durcheinanderbringen.[28] Ein Beispiel: Stellen Sie sich vor, Sie essen zu Abend in Ihrem Lieblingsrestaurant und haben Ihr Leibgericht bestellt. Der Kellner serviert den Teller. Sie freuen sich bereits auf Ihre Lieblingsspeise. Jetzt blicken Sie auf den Teller. Dort liegt ein abgeschnittener Finger, aus dem Maden hervorkriechen. Es sind nur Wörter, die Sie gerade gelesen haben. Und doch rufen diese Wörter – je nachdem, wie hartgesotten Sie sind – die emotionale Reaktion Ekel hervor, die wiederum einen bestimmten Gesichtsausdruck verursacht. Jedenfalls werden einige Leser unwillkürlich, eben unbewusst, bei dem Gedanken an einen abgeschnittenen Finger mit Maden das Gesicht verzogen haben. Sie auch? Wunderbar, Ihr heißes System funktioniert.

Ein Bild sagt mehr ...

... als 1000 Worte. Das ist zutreffend. Ein Bild sagt nicht nur mehr, es spricht auch viel lauter und wird deshalb viel besser gehört, nämlich von unserem heißen System, das mit unserem Gefühlszentrum verbunden ist. Diese Erkenntnis wird seit langer Zeit von Werbefachleuten ebenso genutzt wie von den Medien. Nachrichten mit Bildern auszuschmücken hat allein den Zweck, die Gefühle des Betrachters anzusprechen. Zusätzliche Sachinformationen haben Bilder in den Nachrichten nur selten. Auch auf den Zusammenhang mit der konkreten Nachricht kommt es nicht an. Deshalb werden immer häufiger sogenannte Symbolbilder verwendet, also Bilder, die nicht anlässlich der jeweiligen Nachricht aufgenommen wurden, sondern in Archiven vorrätig gehalten werden, weil sie zu bestimmten Themen »gut passen«. Bilder sprechen das Gefühlszentrum und damit das heiße System an, während Worte zunächst das kühle System aktivieren und von diesem erst in Bilder umgewandelt werden müssen. Daher können Bilder den Anteil, den das heiße System bei einer Entscheidung hat, erheblich vergrößern – auch vor Gericht.

Als junger Richter, vor etwa 13 Jahren, war ich in einer Berufungskammer tätig, die auf Reiserecht spezialisiert war. Wir hatten über Verfahren zu entscheiden, in denen Urlauber Ansprüche wegen verspäteter Flüge, unbequemer Hotelbetten, schlechter Frühstücksbüfetts und ähnlicher Unannehmlichkeiten während der Ferien geltend machten. Der folgende Fall ist mir sehr gut in Erinnerung geblieben. Eine Familie, zwei Erwachsene und ihre vier Jahre alte Tochter, hatte Urlaub in einem Hotel in Südeuropa gebucht. Das Hotel verfügte über einen Pool für Kinder, der wie eine große Pfütze angelegt war, nur wenige Zentimeter hoch. Er war bei kleinen Kindern sehr beliebt, so auch bei der Tochter der Kläger. In der Mitte dieser »Pfütze« befand sich der Abfluss. Jeden Abend wurde der Mini-Pool gereinigt, indem man das Wasser auslaufen ließ, ein scharfes Reinigungsmittel auftrug und gründlich nachspülte. Eines Tages war jedoch der Abfluss des Mini-Pools verstopft, sodass das Reinigungsgemisch nicht abfließen konnte, sondern eine Pfütze am Abfluss bildete. Dies fiel den Mitarbeitern der Hotelanlage jedoch nicht auf. Vielmehr glaubten sie am nächsten Morgen, der kleine Pool sei bereits wieder gefüllt worden. Als die Tochter der Kläger sich wie immer zum Spielen in das mit der scharfen Reinigungsflüssigkeit gemischte Wasser setzte, zog sie sich Verätzungen am Gesäß und im Schambereich zu. Diese waren sehr schmerzhaft, verheilten jedoch glücklicherweise nach einigen Wochen ohne Folgen. Die Eltern machten nunmehr gerichtlich ein Schmerzensgeld für ihre Tochter geltend. Das Amtsgericht hatte bereits in erster Instanz ein Schmerzensgeld zugesprochen. Hiergegen hatte die Reisefirma Berufung eingelegt.

Nunmehr hatte unsere Kammer über die Berufung zu entscheiden. In der Akte befand sich ein ausführlicher Arztbericht, der mit medizinischen Fachausdrücken die Verletzungen und auch die Therapie der Tochter beschrieb. In der mündlichen Verhandlung bat der Rechtsanwalt der Eltern, ein paar Fotos vorlegen zu dürfen, auf denen die Verletzungen des vierjährigen Mädchens zu erkennen waren. Er und der Rechtsanwalt der Reisefirma traten an den Richtertisch, und die Fotos wurden vorgelegt. Der Rechtsanwalt der beklagten Reisefirma – selbst Vater kleiner Kinder – sah die Fotos und erklärte augenblicklich: »Ich nehme die Berufung zurück!«

Ich habe nicht die geringsten Zweifel, dass die Fotos das Gefühlszentrum des Rechtsanwalts ansprachen und dass seine Entscheidung von seinem aktivierten heißen System beeinflusst wurde. Auch meine Kollegen und ich hatten übrigens, nachdem wir die Bilder gesehen hatten, keine Zweifel, dass die Entscheidung des Amtsgerichtes richtig war. Die Bilder aktivierten sowohl beim Rechtsanwalt der verklagten Reisegesellschaft als auch bei uns Richtern das heiße System und beeinflussten auf diese Weise unsere Entscheidung.

Kennen Sie Justitia, die Göttin der Gerechtigkeit? Also nicht persönlich, sondern das typische Bild der Justitia. Eine Frau, in der einen Hand das Richtschwert und in der anderen Hand eine Waage. Und welche Augenfarbe hat sie? Schwer zu sagen, jedenfalls anhand der Abbildungen, die sie seit Beginn des 16. Jahrhunderts zeigen. Denn dort trägt sie in der Regel eine Augenbinde. Die Augenbinde soll verdeutlichen, dass sie ohne Ansehen der Person urteilt. »Justitia ist blind« ist ein Satz, den man oft hört. Doch ganz richtig ist er nicht: Justitia ist nicht blind, sondern macht sich blind, indem sie sich die Augen verbindet. Den Menschen des Spätmittelalters war offenbar bewusst, dass Bilder bestimmte Emotionen auslösen und allein deshalb den Urteilsspruch beeinflussen können. Der in Lumpen gekleidete Bettler sollte nicht aufgrund der Assoziationen, die der Mensch mit seinem Anblick verbindet, anders beurteilt werden als der in kostbare Gewänder gehüllte Kaufmann.

Die Fähigkeit des heißen Systems zur Assoziation ist für das Verständnis unserer Entscheidungen unverzichtbar. Sie ist sowohl für intuitive Geistesblitze als auch für dumme Schnellschüsse verantwortlich. Neben dem Assoziationsvermögen hat das heiße System noch eine weitere Fähigkeit, die für unser Überleben unverzichtbar ist und ebenfalls mit »A« beginnt.

Wetten, dass ...

Wetten Sie gern? Angenommen Sie nehmen an einer Lotterie teil und dürfen entscheiden: Entweder Sie erhalten 1000 Euro sicher, oder Sie haben eine 50-prozentige Chance, 1500 Euro zu gewinnen. Wie würden Sie entscheiden?

Nehmen Sie es mir bitte nicht übel, wenn ich Ihnen sage: Sie sind ein Angsthase! Jedenfalls dann, wenn Ihr heißes System so funktioniert wie das der meisten Menschen. Denn dann haben Sie die sicheren 1000 Euro gewählt. Und unter uns: Ich würde auch die sicheren 1000 Euro nehmen, aber erzählen Sie es bitte nicht weiter.

Ein blödes Beispiel? Vielleicht, aber Lotterien sind für Entscheidungsforscher das, was die Amöbe für den Biologen ist. Anhand einer einfachen Situation können menschliche Verhaltensweisen beobachtet und hierauf basierend Theorien entwickelt werden, die auch bei der Erklärung menschlicher Entscheidungen in komplexen Situationen von Nutzen sind. Mithilfe derartiger einfacher Lotteriebeispiele beobachtete bereits der Schweizer Wissenschaftler Daniel Bernoulli, dass Menschen eine natürliche Abneigung gegen das Risiko haben und – sofern ihnen die Wahl bleibt – die sichere Option wählen. Bei der Wahl zwischen der sicheren Option 1000 Euro und der 50-prozentigen Chance, 1500 Euro zu erhalten, entscheiden sich die meisten Menschen für die sicheren 1000 Euro. Dieses Phänomen, dass Personen dazu neigen, eine Option mit sicherem Gewinn gegenüber einer Option mit unsicherem Gewinn selbst dann zu bevorzugen, wenn die unsichere Option einen höheren Wert hat, nennt man Certainty-Effekt (Sicherheitseffekt).[29] Der Gedanke daran, die sicheren 1000 Euro nicht genommen zu haben und dann bei der 50/50-Chance zu verlieren, ist für uns schmerzhaft. Hierzu noch ein weiteres Glücksspiel-Beispiel, durch das wir unsere persönliche Risikoneigung ermitteln können.

Stellen Sie sich vor, Sie können an dem Glücksspiel »Kopf oder Zahl« teilnehmen, das auch auf der Titelseite dieses Buches gezeigt wird. Einmalig wird ein Geldstück geworfen. Zeigt die geworfene Münze Kopf, so verlieren Sie 100 Euro, zeigt sie Zahl, so gewinnen Sie 100 Euro. Würden Sie teilnehmen? Was ist, wenn Sie 150 Euro gewinnen und 100 Euro verlieren können? Und was bei 200 Euro Gewinn und 100 Euro Verlust? Wie hoch müsste der mögliche Gewinn sein, damit Sie bereit wären, einen Verlust von 100 Euro in Kauf zu nehmen?

Es ist empirisch bewiesen, dass ein Verlust emotional etwa doppelt so schwer wiegt wie ein Gewinn der gleichen Größe.[30] Bei den meisten Menschen müsste daher der mögliche Gewinn zwischen (mindestens) 150 Euro und 250 Euro liegen, damit sie sich auf ein entsprechendes Glücksspiel einlassen würden. Das bedeutet, der erwartete Gewinn muss 1,5- bis 2,5-mal so hoch sein wie der drohende Verlust. Auch diese sogenannte Verlustaversion ist in unser heißes System als Grundeinstellung eingebaut. Aus sehr gutem Grund. In einer einfachen Gesellschaft – in der sich das heiße System entwickelt hat – kann der Verlust von Nahrung, Waffen zur Jagd bzw. Verteidigung oder wärmender Kleidung über Leben und Tod entscheiden. Es ist nachvollziehbar, dass der Mensch früh in seinem heißen System eine große

Verlustangst entwickelt hat. Diese Grundeinstellung – Vorzug der sicheren Option (sicherer Gewinn) mit geringerem Wert gegenüber der unsicheren Option (Gewinnchance) mit höherem Wert – ist so tief in unserem Denken verwurzelt, dass sie nahezu weltweit sprichwörtlich geworden ist: »Lieber den Spatz in der Hand als eine Taube auf dem Dach« ist ein Sprichwort, das bereits die alten Römer kannten[31] und das in ähnlicher Form in nahezu allen Sprachen der Welt anzutreffen ist.

Die Verlustangst des Gehirns ist es übrigens auch, die jährlich Hunderttausende Wähler in Demokratien sogar dann für den Amtsinhaber oder die regierende Partei stimmen lässt, wenn sie mit deren Leistung unzufrieden sind. Es ist die große Sorge, auch noch das zu verlieren, was man hat. Diese Verlustangst wird regelmäßig in den Wahlkämpfen genutzt, indem von den regierenden Personen die Gefahren ausgemalt werden, die ein Machtwechsel mit sich bringen könnte. Der sogenannte Amtsbonus ist in Wirklichkeit ein Angstbonus.

Die Strategie des Richters

Entscheider kennen ihre persönliche Risikobereitschaft sehr gut. Das verhindert, aus Angst oder Übermut eine Entscheidung zu treffen, die der persönlichen Risikobereitschaft zuwiderläuft.

Training für Entscheider

Ermitteln Sie heute Ihre persönliche Risikobereitschaft und überprüfen Sie das Ergebnis, indem Sie die folgenden Schritte machen.

- Beantworten Sie zunächst die Frage:
  Wie hoch müsste der mögliche Gewinn sein, damit Sie bereit wären, 100 Euro Verlust in Kauf zu nehmen?
- Ermitteln Sie jetzt Ihre persönliche Risikobereitschaft, indem Sie Ihre Antwort mit den nachfolgenden Ergebnissen vergleichen:
  - weniger als 150 Euro = hohe Risikobereitschaft
  - zwischen 150 Euro und 250 Euro = normale Risikobereitschaft
  - mehr als 250 Euro = geringe Risikobereitschaft
- Überprüfen Sie, ob und in welchen Lebensbereichen sich Ihre so ermittelte persönliche Risikobereitschaft auswirkt.
  - Investitionen: Je risikobereiter Sie sind, desto eher können Sie in Geschäfte investieren, die ein höheres Verlustrisiko haben.
  - Urlaub: Je risikobereiter Sie sind, desto eher haben Sie Freude an einem »wilden« Urlaub, in dem Sie durch ein fremdes Land touren und sich selbst versorgen. Wenig risikobereite Menschen bevorzugen eher Pauschalreisen.
  - Freizeitgestaltung: Freeclimbing, Fallschirmspringen, Bungee-Jumping eignen sich eher für Personen mit hoher Risikobereitschaft, Bowling, Tischtennis und Golf eher für Leute mit geringer Risikobereitschaft.

Die Verlustangst ist die zweite typische Eigenschaft unseres heißen Systems, die für eine Vielzahl von menschlichen Entscheidungen maßgeblich verantwortlich ist und nicht wenige Entscheidungsfehler verursacht.

Wenden wir uns nun unserem kühlen System zu. Dieses System zeichnet vor allem eine Eigenschaft aus, die ebenso wichtig wie gefährlich sein kann.

Der faule Kontrolleur

Es ist eine Gerichtsverhandlung wie viele andere, nichts Außergewöhnliches. Der Angeklagte soll einen Ladendiebstahl begangen haben. Er ist pünktlich zum Termin erschienen. Ihn begleiten seine Ehefrau und ihr gemeinsames Baby, die allein im Zuschauerraum sitzen. Es ist nur ein Zeuge zu vernehmen, der Filialleiter des Ladens, in dem der Angeklagte gestohlen haben soll. Die Vernehmung gestaltet sich etwas schwierig. Der Filialleiter hat eine starke Erkältung und spricht daher sehr leise und mit heiserer Stimme. Ich muss mich sehr konzentrieren, um alles zu verstehen. Das Baby wird unruhig, jedoch nur für wenige Sekunden. Nach der Vernehmung des Zeugen und dem Schluss der Beweisaufnahme erfolgen das Plädoyer der Staatsanwältin und das letzte Wort des Angeklagten. Der Angeklagte wird zu einer Geldstrafe verurteilt, akzeptiert das Urteil und verlässt mit Frau und Kind den Sitzungssaal. Eine unspektakuläre Verhandlung. Denke ich. »Also, ich weiß ja nicht. Das musste doch wirklich nicht sein!«, sagt Sabine, meine Protokollführerin. »Was denn?«, frage ich. »Ich finde, sie hätte rausgehen können!«, meint Sabine weiter. Die Staatsanwältin stimmt ihr zu. »Wovon redet ihr denn, das Baby hat sich doch schnell beruhigt«, wende ich ein. »Na eben!«, erwidert Sabine. Irgendetwas muss mir entgangen sein: »Lasst mich nicht dumm sterben! Wovon redet ihr?«

Aufmerksamkeit ist ein ebenso wichtiges wie seltenes Gut. Es steht uns nur in begrenztem Umfang zur Verfügung. Sekündlich prasseln unzählige Informationen über unsere fünf Sinne auf uns ein. Würden wir allen Eindrücken gleich viel Aufmerksamkeit zukommen lassen, wäre unser Großhirn völlig überlastet. Es könnte nicht wichtige von unwichtigen Informationen unterscheiden. Würde unser Gehirn so funktionieren, hätten unsere Vorfahren nicht lange überlebt. Wer sich bei der Jagd vom Geruch der Blumen, dem Geschmack der Beerenreste zwischen den Zähnen, dem Klang des Vogelgezwitschers und dem Druck der Steine unter den Fußsohlen ablenken lässt, der übersieht leicht das Reh, das sich im hohen Gras verbirgt. Oder den sich langsam anschleichenden Säbelzahntiger. Damit wir uns fokussieren und unsere Aufmerksamkeit bündeln können, dürfen daher nicht alle Informationen gleichzeitig zu unserer Großhirnrinde vorgelassen werden. Stellen Sie sich Ihre Großhirnrinde wie den angesagtesten Nachtklub der ganzen Stadt vor. Jeder will in diesen Edelklub, aber das Platzangebot ist begrenzt. Deshalb dürfen nicht alle Besucher gleichzeitig eingelassen werden, sondern immer nur eine bestimmte Anzahl, die wichtigsten Gäste, die VIPs, zuerst. Wie gehen Sie zu diesem Zweck vor, wenn Sie der Besitzer dieses Edelklubs sind? Sie stellen einen Türsteher an. Und genau so macht es auch unser Gehirn. Der Türsteher in unserem Gehirn heißt nicht Victor oder Boris, sondern Thalamus. Er bildet den größten Teil des Zwischenhirns und bestimmt, welche Informationen in die Großhirnrinde reingelassen werden und welche nicht. Der Thalamus handelt jedoch – wie ein Türsteher – nicht, wie er gerade möchte, sondern wird vorher von unserem kühlen System »angewiesen«. Denn eine der Hauptaufgaben, die unserem kühlen System zukommt, ist die Steuerung und Fokussierung unserer Aufmerksamkeit. Hier ein Beispiel: Sitzen Sie gerade? Spüren Sie den Druck der Sitzfläche unter Ihrem Gesäß? Die Lehne des Stuhls an Ihrem Rücken? Jetzt wahrscheinlich schon, nachdem ich Sie aufgefordert habe, Ihre Aufmerksamkeit auf Ihren Tastsinn zu fokussieren. Vorher haben Sie den Druck der Sitzfläche und die Lehne in Ihrem Rücken, sofern Sie bequem sitzen, mit hoher Wahrscheinlichkeit nicht gespürt. Das haben Sie Ihrem Thalamus zu verdanken.

Die Anweisungen des kühlen Systems befolgt der Thalamus gewissenhaft. Wie gut der Thalamus dabei arbeitet, zeigt ein mittlerweile legendär gewordenes Experiment der beiden Psychologen Christopher Chabris und Daniel Simons. Sie zeichneten einen Videofilm auf, in dem zwei Teams, eines mit schwarzen und eines mit weißen T-Shirts, durcheinanderlaufen und sich gegenseitig Basketbälle zuspielen. Die Aufgabe der Zuschauer ist es, die Pässe – in der Originalversion 34 oder 35 – des weißen Teams zu zählen.[32] Im Anschluss werden die Zuschauer nach der Anzahl der Pässe gefragt. Die Antwort ist übrigens bei den meisten Versuchsteilnehmern ebenso richtig wie für das Experiment uninteressant. Viel spannender ist die Antwort der Zuschauer auf eine weitere Frage: »Haben Sie einen Gorilla gesehen?« Die Hälfte der befragten Zuschauer antwortet hierauf in etwa: »Einen was?!?«[33] Tatsächlich läuft in der Mitte des Videofilms ein Mensch im Gorillakostüm durch das Bild, bleibt in der Mitte stehen, trommelt sich auf die Brust und geht wieder weg. Die Zuschauer konzentrieren ihre Aufmerksamkeit jedoch derart auf die ihnen zugeteilte Aufgabe, nämlich die Pässe des weißen Teams zu zählen, dass ihnen sogar ein Gorilla entgeht. Der Thalamus dieser Versuchsteilnehmer leistet ganze Arbeit und verursacht eine sogenannte Unaufmerksamkeitsblindheit. Das

Experiment von Chabris und Simons wurde mehrmals und in zahlreichen Abwandlungen wiederholt, das Ergebnis war stets gleich. Übrigens leiden Männer und Frauen gleichermaßen unter Unaufmerksamkeitsblindheit – so viel zu angeblichen geschlechtsspezifischen Multitasking-Fähigkeiten.

Die Zuschauer des Gorilla-Experiments weisen mit ihrem kühlen System ihren Thalamus an, nur ganz bestimmte Sinneseindrücke, nämlich nur die optischen Reize, die durch die Pässe der Mannschaft mit den weißen T-Shirts gesetzt werden, in die Großhirnrinde zu lassen. Die übrigen optischen Reize, sogar die eines Gorillas, werden abgeblockt.

So war es auch bei mir, als ich den Zeugen im Sitzungssaal vernommen hatte. Ich war so auf den leise sprechenden Zeugen fokussiert, dass mein Thalamus auf Anweisung meines kühlen Systems allein die optischen und vor allem akustischen Reize des sehr leise sprechenden Zeugen in meine Großhirnrinde vorließ. Mein Thalamus erfüllte seine Türsteheraufgabe perfekt und blockte alle anderen Informationen ab. Und daher war mir auch völlig entgangen, dass ... ja was eigentlich?

»Lasst mich nicht dumm sterben! Wovon redet ihr?« Ich sehe Sabine und die Staatsanwältin fragend an. Als die beiden merken, dass ich die Frage völlig ernst meine, brechen sie in lautes Gelächter aus. »Hast du nicht bemerkt, dass die Frau das Baby gestillt hat?« Sabine lacht immer noch. »Bitte was?«, frage ich entgeistert. »Und zwar ohne sich abzuwenden oder die wesentlichen Körperteile zu bedecken!«, ergänzt die Staatsanwältin grinsend.

Ob Gorillas beim Basketballspiel oder entblößte Brüste im Gerichtssaal: Wenn unser kühles System unsere Aufmerksamkeit mithilfe des Thalamus auf etwas anderes fokussiert, sind wir blind für derartige Informationen – womit übrigens eindrucksvoll das Vorurteil widerlegt wird, dass Männer immer nur auf »das Eine« achten. Die Fokussierung unserer Aufmerksamkeit ist eine der wichtigsten Fähigkeiten unseres kühlen Systems. Es kontrolliert unsere Aufmerksamkeit. Nicht immer verhält sich unser kühles System jedoch wie ein engagierter Besitzer eines Edelklubs und kommt seiner Kontrollfunktion auch fleißig nach.

Take it easy

Eine Bratwurst und ein Brötchen kosten zusammen 1,10 Euro. Die Bratwurst kostet einen Euro mehr als das Brötchen. Wie viel kostet das Brötchen? Ist doch klar: 10 Cent. Ganz einfach. Ganz einfach und ganz falsch. Die richtige Antwort lautet 5 Cent. Würde das Brötchen 10 Cent kosten, dann kostet die Bratwurst einen Euro mehr, also 1,10 Euro. Dann würden Brötchen und Würstchen zusammen 1,20 Euro ergeben. Sind Sie auch darauf hereingefallen? Nein, sind Sie nicht. Wenn überhaupt, dann war es Ihr faules System, ich meine natürlich Ihr kühles System.

Die Rechenaufgabe stammt von Professor Shane Frederick (geb. 1968), allerdings im Original nicht mit Bratwurst und Brötchen, sondern mit Baseball und Schläger. Er stellte sie unter anderem Studenten der renommierten Universitäten Harvard und Princeton. Das Ergebnis: Mehr als die Hälfte der Studenten gab die falsche Antwort! Falls Sie jetzt denken: »Wie peinlich, Harvard und Princeton gelten doch als Elite-Universitäten!«, dann beachten Sie bitte, dass bei einigen Universitäten die Quote der falschen Antworten sogar bei über 80 Prozent gelegen hat!

Was ist der Grund dafür, dass diese – doch eigentlich – einfache Rechenaufgabe von so vielen Menschen falsch beantwortet wird? Wenn wir die Aufgabe lesen, denken wir nicht lange nach, die Zahl 10 erscheint spontan vor unserem inneren Auge. Reflexartig, ohne nachzudenken. Kommt Ihnen das bekannt vor? Natürlich, es ist die typische Arbeitsmethode unseres heißen Systems, mit der es uns einen Entscheidungsvorschlag liefert. Nun ist es die Aufgabe des kühlen Systems, diesen Entscheidungsvorschlag zu überprüfen. Oder besser gesagt, es *wäre* die Aufgabe des kühlen Systems. Es ist ein Leichtes, den Entscheidungsvorschlag des heißen Systems zu prüfen und als falsch einzustufen. Die entsprechende Rechenoperation könnte sogar ein Drittklässler problemlos durchführen. Und warum geben dann sogar mehr als die Hälfte der Studenten zweier Elite-Universitäten eine falsche Antwort? Die bittere Wahrheit ist: Unser kühles System neigt zur Faulheit, in manchen Fällen zu ganz extremer Faulheit. So auch bei dem Experiment mit der (zu) einfachen Bratwurst-Brötchen-Aufgabe. Diese große Schwäche des kühlen Systems wird uns im weiteren Verlauf des Buches noch an vielen Stellen begegnen, insbesondere bei den Entscheidungsfehlern.

Zwar haben die meisten Entscheidungsfehler ihren Ursprung in einem Vorschlag unseres heißen Systems, der aufgrund seiner typischen Eigenschaften Assoziation und Verlustangst gemacht wird. Jedoch können sich diese fehlerhaften Entscheidungsvorschläge nur deshalb durchsetzen, weil unser kühles System seiner Kontrollfunktion nicht nachkommt und die fehlerhaften Vorschläge ungeprüft »durchwinkt«.

Während wir Strategien und Techniken lernen können, um bestimmte Entscheidungsfehler zu vermeiden, indem wir unser kühles System aktivieren und anweisen, seine Kontrollfunktion auszuüben, gibt es eine bestimmte Gruppe von Entscheidungssituationen, in denen dies so gut wie ausgeschlossen ist. Es handelt sich um das Worst-Case-Szenario, in dem unser heißes System die Führungsrolle bei der Entscheidung übernimmt und nicht mehr von unserem kühlen System überwacht werden kann.

Kapitel 10
Auf der Suche nach dem Hotspot

»Das klingt jetzt vielleicht ungewöhnlich: Bitte laden Sie meinen Mandanten ab! Wenn der bei den Vergleichsverhandlungen anwesend ist, können wir es gleich vergessen.« Rechtsanwalt Doerm, mein Gesprächspartner am anderen Ende der Telefonleitung, macht eine Pause. Seine Bitte klingt tatsächlich ungewöhnlich. In der Regel lade ich die Parteien eines Rechtsstreits persönlich zur mündlichen Verhandlung. Denn ich habe die Erfahrung gemacht, dass dies für Vergleichsverhandlungen sehr förderlich ist. Oft lässt sich eine umfassende Einigung erzielen, wenn die Parteien zugegen sind. Doch Doerm ist ein erfahrener Rechtsanwalt. Ich kenne ihn schon sehr lange, er wird einen Grund haben. »Und warum?«, frage ich knapp. »Das ist eine lange Geschichte«, erwidert er. Ich blicke auf meine Kaffeetasse und stelle zufrieden fest, dass sie noch halb voll ist. »Ich habe Zeit!«, entgegne ich, und Doerm beginnt. »... und schließlich hat seine Frau ihn verlassen und ist zum Beklagten gezogen. Das ist zwar schon 15 Jahre her, aber seitdem ist der Beklagte ein rotes Tuch für ihn. Mein Mandant reagiert wie ein wütendes, bockiges Kind, sobald er auf ihn trifft«, beendet Doerm seine Geschichte und ergänzt, »obwohl er sonst ein abgebrühter und erfahrener Geschäftsmann ist.«

Die Evolution entwickelte unser heißes System für Situationen, in denen wir starkem Stress ausgesetzt sind. Jedoch ist Stress heute auch nicht mehr das, was er früher mal war. Oder anders formuliert: Für unsere Vorfahren bedeutete starker Stress in der Regel eine Situation, in der ihr Leben bedroht wurde, etwa durch den Angriff eines wilden Tieres oder eines nicht weniger wilden Menschen, aber auch durch Hunger und Durst. Zum Glück begegnen uns diese Stressauslöser in der westlichen Welt nur noch sehr selten. Regelmäßig empfinden wir starken Stress in ganz anderen Situationen, die nicht lebensbedrohlich sind. Zugleich ist Stress sehr viel persönlicher geworden. Situationen, die für mich starken Stress bedeuten, ringen Ihnen vielleicht nur ein müdes Lächeln ab und umgekehrt. Jeder Mensch hat seine persönliche Stresssignatur. Da wir diese individuelle Stresssignatur anderer Menschen normalerweise nicht kennen, empfinden wir das Verhalten unserer Mitmenschen oft als widersprüchlich (*»Ich verstehe gar nicht, warum der sich jetzt so aufregt!«*). Das gilt insbesondere für Menschen des öffentlichen Lebens, die wir zu kennen glauben, weil wir schon so viel über sie gehört und gelesen haben. Gerade diese treffen scheinbar miteinander unvereinbare Entscheidungen, mal voller Vernunft und mal vor Dummheit nur so strotzend. Das folgende Beispiel veranschaulicht dies sehr gut. Haben Sie Lust auf einen kleinen Ausflug?

Können wir uns darauf einigen, dass ein Mann – Verzeihung, liebe Leserinnen, aber bis jetzt gab es in der Position nur Männer –, der Präsident der Vereinigten Staaten von Amerika geworden ist, gewöhnlich in der Lage ist, vernünftige Entscheidungen zu treffen? Ich weiß, ich weiß: Angesichts des amtierenden US-Präsidenten Donald Trump würde jetzt der ein oder andere Leser dem nicht so unbedingt zustimmen wollen. Also gut, entfernen wir uns von der Gegenwart und reisen einige Jahrzehnte in der Geschichte zurück:

Es ist der 14. Oktober 1962. Der Kalte Krieg zwischen der UdSSR und den USA droht infolge der Stationierung sowjetischer Mittelstreckenraketen auf Kuba verdammt heiß zu werden. Die Welt steht unmittelbar vor einem Dritten Weltkrieg. Erstmals werden der Weltbevölkerung die Gefahren eines Atomkriegs bewusst. Das Schicksal der gesamten Menschheit hängt von den Entscheidungen eines einzigen Mannes ab, des 35. Präsidenten der Vereinigten Staaten, John F. Kennedy. Entgegen dem Rat aller Stabschefs, also des gesamten militärischen Oberkommandos, entscheidet sich Kennedy gegen die militärische Invasion Kubas und für eine diplomatische Lösung. Mithilfe einer Seeblockade (Quarantäne) soll die Voraussetzung für eine gegenseitige Abrüstung geschaffen werden. In dieser aufgeheizten Situation bewahrt Kennedy einen kühlen Kopf und hat Erfolg. Am 28. Oktober 1962 gibt der Vorsitzende des Ministerrats der Sowjetunion, Nikita S. Chruschtschow, über Radio Moskau den Abzug der sowjetischen Raketen bekannt.

Heute ist man sich sicher: Hätte Kennedy die militärische Option gewählt, wäre die Folge ein mit Atomwaffen geführter Dritter und vermutlich letzter Weltkrieg gewesen. Die Entscheidungen Kennedys im Oktober 1962 gingen ein in die Geschichte und führten dazu, dass John Fitzgerald Kennedy (JFK) als der größte amerikanische Präsident neben Abraham Lincoln angesehen wird.

Derselbe im Oktober 1962 kühl und besonnen handelnde Staatsmann Kennedy entscheidet sich jedoch ebenfalls für zahlreiche außereheliche Liebesaffären mit Callgirls, Fotomodels und Schauspielerinnen, angeblich sogar mit Marylin Monroe. Jetzt wird der ein oder andere männliche Leser (das war so klar) denken: *Wie kann man die Entscheidung kritisieren, eine Affäre mit Marylin Monroe zu beginnen?* Wie dem auch sei, ich denke, Sie stimmen mir zu, wenn ich behaupte, JFKs Entscheidung für eine Affäre mit Marylin war nicht unbedingt vernunftgesteuert, sondern vielmehr ... eben anders gesteuert.

Für einen sehr langen Zeitraum zerbrachen sich Wissenschaftler auf dem Gebiet der Entscheidungspsychologie den Kopf bei dem Versuch, ein derartiges scheinbar widersprüchliches Entscheidungsverhalten zu erklären. Ursächlich für diese Erklärungsnot war die seinerzeit herrschende sogenannte rationalistische Perspektive, der zufolge Gefühle keinen Einfluss im Entscheidungsprozess haben, sondern nur eine Art Nebenprodukt sind. Von diesem Ansatz hat sich die Entscheidungspsychologie mittlerweile verabschiedet. Nach moderneren Theorien haben Gefühle durchaus einen wesentlichen Einfluss auf den Entscheidungsprozess. Hierfür sprechen auch neurowissenschaftliche Studien. Allein der genaue Einfluss der Gefühle auf den Prozess der Entscheidung ist noch umstritten. Nach einigen Theorien beeinflussen Gefühle den gesamten Prozess, nach anderen sind sie nur ein Entscheidungskriterium. Gestehen wir uns ein, dass Sie und ich bei unseren Entscheidungen durchaus von unseren Gefühlen beeinflusst werden. Es sei denn, Sie haben eine starke Schädigung des limbischen Systems erlitten. Ging Ihnen in letzter Zeit etwas durch den Kopf, etwa eine Pistolenkugel? Vielleicht stammen Sie auch vom Planeten Vulkan; die Älteren unter uns erinnern sich, die jüngeren Leser googeln das bitte einmal.

Grundsätzlich neigen wir in emotional aufgewühlten Zuständen zu eher unvernünftigen Entscheidungen. Der amerikanische Psychologe und Betriebswirt Dan Ariely wies in einem viel beachteten Experiment nach, dass Menschen – um präzise zu sein: Männer – sich selbst extrem falsch einschätzen, wenn sie vorhersagen müssen, welche moralischen Entscheidungen sie in einem erregten Zustand treffen würden. Zunächst ließ Ariely die Versuchsteilnehmer in einem emotional entspannten Zustand verschiedene Fragen beantworten wie zum Beispiel »*Würden Sie Ihre Rendezvous-Partnerin weiter bedrängen, mit Ihnen zu schlafen, obwohl sie schon Nein gesagt hat?*« oder »*Würden Sie einer Frau heimlich eine Droge verabreichen, um die Chance zu erhöhen, dass sie mit Ihnen schläft?*«. Im Anschluss versetzte Ariely die Versuchsteilnehmer in einen emotional aufgewühlten Zustand, indem er ihnen erotische Bilder zeigte. Dann wiederholte er die Fragen. Das Ergebnis: In erregtem Zustand lag die prognostizierte Neigung zu unmoralischen Entscheidungen mehr als doppelt so hoch wie in entspanntem Zustand. Diejenigen, die zuvor ausgeschlossen hatten oder jedenfalls abgeneigt waren, eine Frau zu bedrängen oder ihr Drogen zu verabreichen, damit sie zum Geschlechtsverkehr bereit wäre, empfanden dies plötzlich gar nicht mehr als so abwegig.

Dan Ariely geht davon aus, dass dieses Ergebnis nicht auf eine sexuelle Erregung beschränkt ist, sondern sich auf andere emotional aufgeladenen Zustände wie Wut, Hunger, Eifersucht usw. übertragen lässt.[34] Sexuelle Erregung, Hunger und Durst, große Angst sind emotionale Zustände, die unser heißes System aktivieren und den Einfluss unseres kühlen Systems im Entscheidungsprozess vermindern. Dieser Effekt kann allerdings noch weiter gesteigert werden, sodass das heiße System faktisch allein entscheidet und das kühle System – wenn überhaupt – nur noch an der Entscheidungsumsetzung beteiligt wird.

Stressig, stressiger, Hotspot

Für jeden Menschen gibt es einen oder mehrere individuelle Reize, die bei ihm Stress von solch großer Intensität auslösen, dass das heiße System stark aktiviert wird und eine Entscheidung faktisch allein trifft. Derartige Auslösereize werden Hotspots genannt. Hotspots können bestimmte Personen, aber auch Tiere, Gegenstände oder Situationen sein. Jeder Mensch hat individuelle Hotspots und weist daher eine eigene typische Verhaltenssignatur auf, die durch relativ stabile Wenn-dann-Muster gekennzeichnet ist.[35]

Diese typische Verhaltenssignatur kann erklären, weshalb Kennedy einerseits mit kühlen und vernünftigen Entscheidungen die Kuba-Krise meisterte und andererseits, ohne sich ein Übermaß an Selbstbeherrschung vorwerfen lassen zu müssen, Affären mit zahlreichen Filmstars unterhielt. Wobei John F. Kennedy nur ein Beispiel für den umsichtigen Staatsmann ist, der sich zu außerehelichen Affären hinreißen lässt. Das häufige Unverständnis der Gesellschaft für das scheinbar widersprüchliche Verhalten beruht lediglich auf einem gedanklichen Trugschluss. Wir nehmen fälschlicherweise an, ein in Staatsfragen vernünftig und selbstbeherrscht handelnder Politiker müsse ein ebenso vernünftiges und selbstbeherrschtes Verhalten in allen anderen Lebensbereichen aufweisen, obwohl wir seine typische Verhaltenssignatur, insbesondere seine Hotspots, nicht kennen. Auf diesen als Halo-Effekt bezeichneten Denkfehler wird später noch ausführlich eingegangen.

Im Fall Kennedy können wir schlussfolgern, dass politische Stresssituationen offensichtlich keinen Hotspot für den Präsidenten darstellten. Zweifellos stand Kennedy in den wenigen

Tagen der Kuba-Krise unter einem immensen psychischen Stress. Er wusste, dass er nicht nur über sein Leben, sondern auch über das seiner Familie und den Fortbestand des amerikanischen Volkes sowie eines großen Teils der Weltbevölkerung entscheiden würde. Er war sich völlig bewusst, dass ein Dritter Weltkrieg drohte und der gegenwärtige Frieden einem Kartenhaus glich, das jeder zarte Windhauch zum Einsturz bringen konnte. Er stand unter gewaltigem Druck, und sein Umgang mit dieser Situation verdient uneingeschränkte Bewunderung. Jedoch stellte diese Situation für ihn, so aufreibend sie auch war, keinen persönlichen Hotspot dar, zum Glück. Deshalb aktivierte sie nicht sein heißes System und ließ ihn Entscheidungen mit seinem kühlen System treffen. Offensichtlich anders war es, wenn er einer hübschen Frau begegnete. Da wurde sein heißes System derart aktiviert, dass er Entscheidungen traf, ohne mit kühlem Verstand die Folgen für seine Ehe und Karriere näher zu erwägen. Schöne Frauen waren sein Auslösereiz, sein Hotspot.

Das Bedürfnis nach sexueller Befriedigung ist ein »klassischer« Hotspot.

Ein weiterer Klassiker ist Gegenstand eines Falls, den ich vor einigen Jahren verhandelte und der als sehr weit hergeholt erscheinen mag, sich jedoch wirklich so ereignet hat.

Schwarzgeld aus Schwarzafrika?

Eine Warnung vorweg: Die im Folgenden verwendeten Begriffe entsprechen nicht der Political Correctness. Der Witz der

Geschichte würde allerdings zum großen Teil verloren gehen, wenn sie es täten.

Eines Tages sprechen zwei aus Schwarzafrika stammende schwarzhäutige Männer einen erfolgreichen, international tätigen Geschäftsmann an. Sie erklären ihm, sie hätten Schwarzgeld aus Afrika geschmuggelt, indem sie es eingefärbt hätten, nämlich geschwärzt. Um das geschwärzte Schwarzgeld von der schwarzen Farbe zu befreien, müsse es mit einer Speziallösung gewaschen werden. Leider sei jedoch nur noch sehr wenig von dieser Speziallösung vorhanden, die übrigens sehr teuer sei. Würde ihnen der Geschäftsmann das Geld für die Anschaffung der Speziallösung – einige Tausend Euro – zur Verfügung stellen, so würden sie ihm das Geld mit hohem Gewinn zurückzahlen, sobald sie das Schwarzgeld reingewaschen hätten. Zum Beweis ihrer Geschichte laden sie den Geschäftsmann in ein Hotelzimmer ein. Dort lagern sie dicke Bündel mit schwarzem Papier in Geldscheingröße, das angeblich geschwärzte Schwarzgeld. Die beiden Betrüger fordern den Geschäftsmann auf, drei »Geldscheine« auszuwählen, legen diese in eine Schale mit Wasser und geben aus einem fast leeren Fläschchen die letzten Tropfen der Speziallösung hinzu. Dann bitten sie den Geschäftsmann, aus dem Nebenzimmer einen Föhn zum Trocknen der Geldscheine zu holen. Während der Geschäftsmann der Aufforderung bereitwillig nachkommt, vertauschen die beiden Betrüger rasch das schwarze Papier gegen drei echte Geldscheine. Der Geschäftsmann staunt nicht schlecht, als er mit dem Föhn zurückkehrt und die nassen Geldscheine in der Speziallösung schwimmen sieht. Er lässt sich auf das vermeintlich gute Geschäft ein und verabredet sich mit den beiden Betrügern zur Geldübergabe.

Die Chance auf leicht verdientes Geld ist ein weitverbreiteter Hotspot, der mir in meinem Beruf immer wieder begegnet. Die Aussicht auf einen großen Gewinn aktiviert das heiße System bei vielen Menschen und schaltet das kühle System fast völlig aus. So auch bei dem sogenannten Wash-Wash-Trick in dem gerade geschilderten Fall, der vor einigen Jahren zahlreiche Geschäftsleute um große Geldsummen erleichtert hat. Die Betrüger machten sich hierbei zunutze, dass die Aussicht auf leicht verdientes Geld für viele Menschen einen Hotspot darstellt, der ihr heißes System aktiviert und sie zu unvernünftigen Entscheidungen verleitet. Dieser Trick funktionierte zunächst auch bei dem erfahrenen Geschäftsmann. Letztlich alarmierte er doch noch die Polizei, die beide Betrüger bei der vorgetäuschten Geldübergabe festnehmen konnte. Warum schließlich wieder das kühle System des Geschäftsmanns die Kontrolle übernahm, konnte ich leider nicht in Erfahrung bringen. Ich hätte ihn zu gerne gefragt, er blieb jedoch dem Gerichtstermin vermutlich aus lauter Scham fern. Auf seine Vernehmung konnte auch verzichtet werden, da die beiden übrigens durchaus sympathischen Betrüger ein vollumfängliches Geständnis ablegten.

Jeder von uns hat einen Hotspot, ob es schöne Frauen sind wie bei John F. Kennedy, leicht verdientes Geld wie bei dem Geschäftsmann oder ein ehemaliger Freund, mit dem man sich zerstritten hat wie bei dem Mandanten in dem zu Beginn des Kapitels geschilderten Fall. Wie gehen wir mit unseren Hotspots am besten um? Es gibt eine Strategie, die Homer in seinem Bestseller *Ilias* bereits vor etwa 2700 Jahren erklärt hat.

Die Odysseus-Lösung

Auf seinen langen Irrfahrten nach dem Trojanischen Krieg hatte Odysseus bereits gewaltigen Gefahren getrotzt, als sich sein Schiff der Insel der Sirenen näherte. Keinem Seefahrer war es je gelungen, dem bezaubernden Gesang der beiden Wesen zu widerstehen. Sie folgten dem Klang ihrer Stimmen auf die Insel, waren verloren und starben eines entsetzlichen Todes. Odysseus befahl daher seinen Männern, sich die Ohren mit geschmolzenem Wachs zu verstopfen. Er selbst aber war fest entschlossen, den Gesang der Sirenen zu hören. So wies er seine Kameraden an, ihn an den Mast des Schiffes zu fesseln. Als das Schiff in Hörweite der Insel gekommen war, erklangen die betörenden Stimmen der Zauberwesen. Auch der tapfere Odysseus konnte ihnen nicht widerstehen und wollte, dem verlockenden Klang folgend, das Schiff auf die Insel steuern. Er flehte seine Männer an, ihn loszubinden. Diese aber fesselten ihn, wie er es zuvor von ihnen verlangt hatte, nur noch stärker an den Schiffsmast. Als das Schiff schließlich außer Hörweite war, verlor der Zauber des Sirenengesangs seine Wirkung. Odysseus, seine Kameraden und das Schiff waren in Sicherheit.

Auch wenn Homer das Wort Hotspot in seiner Erzählung nicht verwendet, beschreibt er mit dem Gesang der Sirenen einen solchen Auslösereiz, der das heiße System aktiviert und das kühle System ausschaltet. Sein Held Odysseus weiß, wie er sich beim Klang der Stimmen der Sirenen verhalten wird. Deshalb trifft er Vorkehrungen, um in dieser Situation gerade keine Entscheidung treffen zu können. Indem er sich an den Schiffsmast binden lässt, kann er sich nicht für die falsche Option »Segle mit dem Schiff auf die Insel« entscheiden. Er überträgt seinen Männern die Entscheidung und bereitet auch diese auf die Situation vor. Das Wachs in ihren Ohren verhindert, dass sie die Stimmen der Sirenen hören, sodass ihr heißes System gar nicht erst aktiviert werden kann. Der Hotspot kann seine Wirkung nicht entfalten.

Die Odysseus-Lösung ist der sicherste Weg, um einem Hotspot zu widerstehen. Und wenn Sie jetzt einwenden: »Kann man sich denn nicht einfach zusammenreißen?«, so muss ich Sie enttäuschen: Ein Hotspot wird immer das heiße System aktivieren, das dann die Entscheidung überwiegend trifft. Es ist von entscheidender Wichtigkeit, dass wir uns dieser Schwäche unserer Entscheidungssysteme bewusst sind. Gerade starke Persönlichkeiten glauben, sie hätten sich stets und vollständig im Griff und erliegen dann einem Hotspot. Die ehemaligen Präsidenten Kennedy und Clinton sind anschauliche Beispiele hierfür. Wir verschwenden kostbare Willenskraft für den untauglichen Versuch, einem Hotspot zu widerstehen. Es ist sinnvoller, sich einzugestehen, dass für jeden ein oder mehrere Hotspots existieren, und diesen mit der Methode des Odysseus zu begegnen, die auf drei einfachen Schritten beruht.

- Wir müssen als Erstes unsere persönlichen Hotspots erkennen und akzeptieren. Jeder Mensch hat individuelle Auslösereize, die sein heißes System aktivieren. Hotspots können nicht »ausgeschaltet« werden, man kann ihnen nicht widerstehen. Je eher wir sie erkennen und uns diese Schwäche eingestehen, desto besser können wir uns auf sie vorbereiten und vermeiden, dass sie unsere Entscheidungen negativ beeinflussen.

In dem eingangs geschilderten Fall hatte der Rechtsanwalt erkannt, dass die Person des Prozessgegners ein Hotspot seines Mandanten ist.

- Wir müssen frühzeitig Situationen identifizieren, in denen wir mit einem Hotspot in Berührung kommen. Es ist von entscheidender Bedeutung, derartige Situationen zu erkennen, bevor der Hotspot seinen Reiz entfalten kann.
  Der Rechtsanwalt in dem oben beschriebenen Fall erkannte, dass ein Zusammentreffen seines Mandanten mit dessen Hotspot bei einer Vergleichsverhandlung im Sitzungssaal eine Situation ist, in welcher der Hotspot das heiße System seines Mandanten aktiviert und hierdurch dessen Entscheidungen negativ beeinflussten kann.
- Die einfachste und sicherste Lösung ist es, den Hotspot zu meiden. Hierfür kann es erforderlich sein, der fraglichen Entscheidungssituation gänzlich aus dem Weg zu gehen. Diese sichere Lösung wählte der Rechtsanwalt in unserem Beispielsfall, indem er mich bat, seinen Mandanten abzuladen. Denn dies hätte zur Folge, dass sein Mandant mit dessen Hotspot, dem Prozessgegner, im Gerichtssaal nicht aufeinandertreffen würde.

Nicht immer können wir jedoch einer Situation aus dem Weg gehen, in der wir auf einen Hotspot treffen. Bei wichtigen Vertragsverhandlungen kann es zum Beispiel erforderlich sein, dass bestimmte Personen der Führungsebene an den jeweiligen Gesprächen teilnehmen. Auch in einem solchen Fall ist die Methode des Odysseus vorbildlich: Die Entscheidungskompetenz wird bereits im Vorfeld einer anderen Person übertragen, auf die der Hotspot keine Auswirkungen hat. Glücklicherweise sind »Universal-Hotspots« wie der Sirenengesang im heutigen Geschäftsleben nur sehr selten. In der Regel sind Hotspots, wie bereits erläutert, sehr individuell. Entscheidet man sich für diese Variante, ist es unbedingt erforderlich, sich nicht in den Entscheidungsprozess einzumischen, sondern die Entscheidung der anderen Person zu akzeptieren.

Die Strategie des Richters

Entscheider kennen und akzeptieren ihre individuellen Hotspots. Wenn möglich, vermeiden sie Entscheidungssituationen, in denen sie auf ihre Hotspots treffen. Wenn sie eine derartige Situation nicht vermeiden können, übertragen sie die Entscheidungsgewalt auf eine andere Person, bevor sie sich in die Situation begeben.

Training für Entscheider

Widmen Sie sich heute Ihren persönlichen Hotspots.

- Nehmen Sie sich einen Moment Zeit und überlegen Sie, was Ihr ganz persönlicher Hotspot ist. Befragen Sie hierzu auch einen engen Freund oder Ihre/-n Lebenspartner/-in – und seien Sie nicht über die Antwort verärgert, sondern denken Sie darüber nach.
- Wenn Sie Ihren Hotspot identifiziert haben, überlegen Sie, in welchen Situationen Sie mit ihm üblicherweise in Kontakt kommen.
- Finden Sie anschließend heraus, welche Entscheidungen Sie üblicherweise in diesen Situationen treffen.

- Prüfen Sie, ob es eine Möglichkeit gibt, diese Situationen zu vermeiden.
- Prüfen Sie auch, ob es eine Möglichkeit gibt, in diesen Situationen Ihre Entscheidungen einer anderen Person zu übertragen.

Sind wir einmal einem Hotspot begegnet, hat dies nicht nur Auswirkungen auf unsere Entscheidungen in dieser bestimmten Situation. Vielmehr müssen wir auch in den sich zeitlich unmittelbar anschließenden Situationen äußerst vorsichtig sein. Den Grund hierfür erfahren Sie gleich.

Kapitel 11
It’s Primetime!

»Verdammter Vollidiot!«, fluche ich laut. Zum zweiten Mal an diesem Morgen hat mich so ein rücksichtsloser Spinner mit seinem Auto derart scharf geschnitten, dass ich kräftig auf die Bremse treten muss. Endlich parke ich mein Fahrzeug auf dem Hinterhof des Gerichts und betrete das Gerichtsgebäude. Einige Augenblicke später schließe ich meine Bürotür auf. Sofort fällt mir die Akte vor der Tastatur meines Computers ins Auge. Sie ist mit einem speziellen grünen Umschlag versehen – bei Gericht ein Zeichen dafür, dass etwas dringend erledigt werden muss. Ich schlage die Akte auf. Aha, eine Einspruchsrücknahme von Rechtsanwalt Schmuck. Der erste Termin heute Morgen fällt also aus. »Kann der das nicht früher machen?«, zische ich wütend. An jedem anderen Tag hätte ich mich über die Einspruchsrücknahme gefreut, auch zu diesem späten Zeitpunkt. Aber heute nicht …

Haben Sie schon einmal spätabends einen guten Horrorfilm oder einen spannenden Psychothriller gesehen? Nachdem Sie das Fernsehgerät ausgeschaltet haben, wollen Sie schlafen gehen. Doch plötzlich … war da nicht ein Geräusch? Nein, das haben Sie sich eingebildet. Oder doch nicht? Langsam und vorsichtig gehen Sie ins nächste Zimmer. Ihr Herz schlägt schneller, Ihre Pupillen sind geweitet, Ihre Ohren nehmen jeden noch so kleinen Laut wahr. Vorsichtshalber schließen Sie das Fenster und sichern ausnahmsweise die verschlossene Eingangstür mit dem Riegel. Sie sind ein Opfer. Nein, nicht ein Opfer des Mörders aus dem Gruselfilm. Sie sind soeben ein Opfer des Priming-Effektes geworden. Der Priming-Effekt zeigt auf faszinierende Art und Weise das Zusammenwirken unserer beiden Systeme. Priming ist die unbewusste Beeinflussung des Denkens, Verhaltens und Wahrnehmens einer bestimmten Situation durch eine vorhergehende Erfahrung. Priming beeinflusst jeden Bereich unseres Lebens und damit auch sämtliche von uns getroffenen Entscheidungen. In den meisten Fällen geschieht dies, ohne dass es uns bewusst wird. Priming beruht dabei auf zwei Eigenschaften unseres heißen Systems, nämlich der Fähigkeit zur Assoziation und der Unfähigkeit, von einer Situation unbeeindruckt in die nächste Situation wechseln zu können. Das heiße System benötigt eine gewisse Zeit, um die Wirkungen eines bestimmten Augenblicks einer Situation abzuschütteln.[36] Sind wir tatsächlich bereits einer neuen Situation ausgesetzt, überträgt das heiße System die Erfahrungen aus der vorherigen Situation auch dann, wenn beide Situationen qualitativ nichts miteinander zu tun haben. Das Angstgefühl, das der Gruselfilm ausgelöst hat, wirkt auch dann weiter, wenn wir das Fernsehgerät bereits ausgeschaltet haben und uns in sicherer Umgebung befinden. Und meine Wut auf die Verkehrsrowdys spüre ich auch dann noch, als ich mein Auto längst auf dem Parkplatz abgestellt und mein Büro betreten habe. Daher beeinflussen unsere Gefühle unser Denken und damit auch unsere Entscheidungen in den sich unmittelbar anschließenden Situationen. Priming funktioniert allerdings nur, weil unser kühles System zur Faulheit neigt. Daher übernimmt es ungeprüft die vom heißen System vorgeschlagenen Entscheidungen. Hätte das kühle

System den Entscheidungsvorschlag des heißen Systems, ausnahmsweise den Riegel an der Tür zu benutzen, geprüft, wäre es zu dem Ergebnis gekommen, dass hierfür nicht mehr oder weniger Grund besteht als an jedem anderen Tag. Und mein kühles System hätte mir sagen müssen: »Es besteht kein Grund, sich über die Einspruchsrücknahme aufzuregen. Die Rücknahme bedeutet in jedem Fall weniger Arbeit und möglicherweise hatte der Rechtsanwalt keine Gelegenheit, den Einspruch früher zurückzunehmen.«

Der Priming-Effekt hat ebenso beeindruckende wie weitreichende Folgen. Es lässt sich zwar noch gut nachvollziehen, dass ein Gefühl wie Angst oder Wut sich nicht so schnell abschalten lässt und deshalb in einer späteren Situation Auswirkungen auf das Denken haben kann. Jedoch können nicht nur Gefühle von einer Situation auf eine andere übertragen werden. Auch bestimmte körperliche Erlebnisse können unsere Gefühle beeinflussen[37] und zu einem bestimmten Entscheidungsverhalten führen, ohne dass uns dieser Zusammenhang bewusst wird.

Ich wasche meine Hände in ...

Mai 2008, Landgericht Düsseldorf: Es ist erstaunlich, dass der hässliche Zweckbau der Siebzigerjahre des letzten Jahrhunderts, in dem sich mein Sitzungssaal befindet, noch nicht zusammengebrochen ist. Ich übertreibe jetzt. Nicht mit der Zustandsbeschreibung des Gebäudes, die ist zutreffend, sondern mit dem Wort »Sitzungssaal«. Wie ein Sitzungssaal sieht der Raum, in dem ich als Richter einer Zivilkammer des Landgerichts Düsseldorf tätig bin, nicht aus. Alte und beschädigte Möbel, die bunt zusammengewürfelt wurden, der Putz an Decke und Wänden blättert ab, die Originalfarbe des Bodens kann selbst mit sehr viel Fantasie nicht mehr erkannt werden. Das Prunkstück des Raums aber ist ein Waschbecken, schräg hinter meinem Stuhl an der Wand. Zu welchem Zweck der Raum ursprünglich auch immer gedient haben mag, ein Sitzungssaal war er jedenfalls nicht. Das Waschbecken sorgt stets für Erheiterung. »Waschen Sie da nach jedem Urteil Ihre Hände?« Diese Frage höre ich in fast jeder Sitzung. Ein interessanter Gedanke …

Die Redewendung »Ich wasche meine Hände in Unschuld« geht zurück auf das Neue Testament. Nach dem Todesurteil an Jesus wäscht Pontius Pilatus demonstrativ seine Hände in Wasser und sagt: »Ich bin unschuldig am Blut dieses Menschen. Seht ihr!« (Matthäus 27, 24) Kann man sein schlechtes Gewissen so einfach mit Wasser wegwaschen? Totaler Quatsch, finden Sie? Irrtum …

Die Wissenschaftler Chen-Bo Zhong und Katie Liljenquist forderten in einem Experiment die Versuchsteilnehmer auf, sich an eine Situation zu erinnern, in der sie sich selbst äußerst unmoralisch verhalten hätten, an einen sehr großen moralischen Fehltritt. Dann wurden die Teilnehmer gebeten zu beschreiben, wie sie sich fühlen. Im Anschluss erhielt die Hälfte der Versuchsteilnehmer die Möglichkeit, sich die Hände zu waschen. Am Ende des Experiments fragte man die Teilnehmer, ob sie bereit wären, unentgeltlich an einem weiteren Forschungsprojekt teilzunehmen, um einem Wissenschaftler in einer schwierigen Situation einen Gefallen zu erweisen. Das Resultat war erstaunlich: Nur 41 Prozent der Teilnehmer mit »rein gewaschenen Händen« und offensichtlich ebenso rein gewaschenem Gewissen erklärten sich bereit, dem Wissenschaftler zu helfen, hingegen waren 74 Prozent der Versuchsteilnehmer mit »schmutzigen« Händen auffällig hilfsbereit.

In den meisten Kulturkreisen beziehen sich die Vorstellungen von Reinheit und Schmutz gleichermaßen auf den körperlichen wie auf den moralischen Bereich.[38] So erklären sich in der deutschen Sprache die Redewendungen »Dreck am Stecken haben«, das »reine Gewissen«, die »weiße Weste« und die »schmutzigen Gedanken«. Und tatsächlich ist unser heißes System in der Lage, die körperliche Erfahrung des Händewaschens auf den moralischen Zustand zu übertragen. Gleiche Beobachtungen haben Psychologen auch bei der Erfahrung sozialer Zurückweisung gemacht. Erfährt ein Versuchsteilnehmer soziale Kälte, etwa durch eine ungerechte Behandlung, so sinkt seine Körpertemperatur nachweislich! Ebenso empfinden wir eine Person als warmherziger, wenn wir gerade einen warmen Becher Kaffee in den Händen halten. Die Übertragung physiologischer Erfahrungen wie Wärme, Kälte, Sauberkeit usw. auf zeitlich spätere rein psychologische Erfahrungen ist mittlerweile durch zahlreiche Experimente eindrucksvoll bestätigt worden. Ich habe damals übrigens nicht nach jedem Urteil meine Hände in dem Waschbecken des maroden Sitzungssaals gewaschen. Vermutlich hatte ich ein reines Gewissen – oder der Wasserhahn war defekt.

Priming funktioniert bei Gehirnen fast jeden Alters, leider auch schon bei Kindern. Der folgende Abschnitt sollte uns daher als Warnung dienen.

PFF – Priming For Future

Sind Mädchen schlechter in Mathematik als Jungen? Ja, Mädchen sind schlechter in Mathematik als Jungen. Man muss sie nur ausreichend primen ...

Kinder saugen kulturelle Einflüsse, denen sie durch das Fernsehen und andere Medien viele Stunden am Tag ausgesetzt sind, wie Schwämme auf.[39] Auf diese Weise werden wir sozialisiert. Wir werden Teil einer bestimmten Kultur. In unserer westlichen Kultur werden Mädchen regelmäßig anders sozialisiert als Jungen. Eines der klassischen kulturellen Stereotype, von denen wir uns zum Glück langsam verabschieden, ist das, dass Mädchen schlechter in Mathematik sind als Jungen. Dieses Stereotyp wird seit frühester Kindheit in unserem Bewusstsein fest verankert und kann tatsächlich dazu führen, dass Leistungen von Mädchen in Mathematik schlechter sind als die von Jungen. Insbesondere wenn Mädchen vor einem Test auf ihre weibliche Identität aufmerksam gemacht werden, also ein entsprechender Prime-Reiz gesetzt wird, schneiden sie in einem mathematischen Test schlechter ab. Der Psychologe John Bargh berichtet von einem beeindruckenden Experiment.[40] Die US-amerikanische Sozialpsychologin Nalini Ambady führte einen Versuch mit 81 fünfjährigen Mädchen durch, die gleich zwei Stereotype in ihrer Person vereinten: Es waren Mädchen mit asiatisch-amerikanischer Herkunft. Asiaten werden gemeinhin als mathematisch begabt und Mädchen als mathematisch unbegabt angesehen. Vor einem altersentsprechenden Mathematiktest wurden die Mädchen in drei Gruppen aufgeteilt. Die erste Gruppe wurde auf ihre weibliche Identität geprimt, indem man sie ein Bild ausmalen ließ, auf dem sich ein Mädchen mit einer Puppe befand.

Die zweite Gruppe primte man auf ihre asiatische Identität. Sie sollte ein Bild ausmalen, auf dem zwei asiatische Kinder Reis mit Stäbchen aus einer Schüssel aßen. Die letzte Gruppe erhielt ein neutrales Landschaftsgemälde zum Ausmalen. Bereits bei den fünfjährigen Mädchen war das Stereotyp »Mädchen sind schlecht in Mathematik« so stark verwurzelt, dass die Gruppe, die auf ihre weibliche Identität geprimt wurde, tatsächlich die schlechtesten Testergebnisse erzielte, während die Gruppe, bei der die asiatische Identität als Prime-Reiz gesetzt wurde, am besten abschnitt. Der Umstand, dass eine bestimmte Eigenschaft der Mädchen, entweder ihre weibliche oder ihre asiatische Identität, unmittelbar vor einem Test geprimt wurde, aktivierte offensichtlich die damit ebenfalls unbewusst fest verankerten Stereotype und beeinflusste ihre folgenden Entscheidungen in dem Mathematiktest erheblich.

Sollten Sie zukünftig Ihre Tochter nur noch zu Mathematikklausuren in die Schule schicken, nachdem Sie sie mit einem jungentypischen Kurzhaarschnitt und Männerklamotten ausgestattet haben? Nein, es reicht völlig aus, darauf zu achten, dass sich stereotypische Ansichten (»Mädchen sind schlecht in Mathematik«) nicht in ihrem Kopf verankern. Und wenn Sie auf Nummer sicher gehen wollen, dann bringen Sie Ihrer Tochter vor einem Mathe-Test bei, wie man(n) rülpst, spuckt und nicht zuhört …

Anti-Prime

Akzeptieren Sie, dass der Priming-Effekt jeden Ihrer Lebensbereiche betrifft und zu jeder Zeit auftreten kann! Das ist der wichtigste Schritt, um dem Priming-Effekt entgegenzusteuern. Es widerstrebt unserem kühlen System zu akzeptieren, dass es die Kontrolle über unsere Entscheidungen nicht haben könnte.[41] Wir leben in dem (Irr-)Glauben, über die meisten unserer Entscheidungen die alleinige Kontrolle zu haben. Machen Sie sich daher insbesondere dann, wenn Sie wichtige Entscheidungen treffen, bewusst, welche Erfahrungen Sie in der Vergangenheit hatten. Naturgemäß beeinflussen »frische« Erfahrungen aus der jüngsten Vergangenheit (hierzu gehören allerdings auch Erinnerungen, die kürzlich nochmals aufgefrischt wurden) die Entscheidungen stärker, sodass Sie sich auf diese Erfahrungen konzentrieren können. Was haben Sie kürzlich erlebt und inwieweit könnte dieses Erlebnis Sie bei der zu treffenden Entscheidung beeinflussen? Bereits dieses Bewusstmachen aktiviert das kühle System und zwingt es, tätig zu werden. Hierdurch werden die Auswirkungen des Priming reduziert.

Während der Niederschrift dieses Buches wird Deutschland wie viele andere Länder weltweit vom Corona-Virus heimgesucht. Schulen und Kitas werden geschlossen, Großveranstaltungen und Bundesligaspiele abgesagt, im Supermarkt streiten sich Menschen um Nudeln, Desinfektionsmittel und Toilettenpapier, hustende und niesende Menschen werden argwöhnisch beäugt. Weder möchte ich die Gefahr verharmlosen, die von dem Corona-Virus ausgeht, noch halte ich Vorsorgemaßnahmen für unangebracht. Allerdings bin ich fest davon überzeugt, dass ein großer Teil der Entscheidungen, die vom einfachen Bürger bis zu unseren Spitzenpolitikern getroffen worden sind, ihren Ursprung im heißen System haben und maßgeblich von dem Priming-Effekt beeinflusst wurden. Die zahlreichen Berichterstattungen in der Presse, die Hinweise auf hohe Ansteckungsgefahr, steigende Infektionsraten und neue Todesfälle, alle versehen mit vielen Bildern von Krankenhäusern, Blaulichtfahrzeugen und Särgen, aktivieren unser heißes System. Es ist sehr schwer, dagegen anzukämpfen. Das gilt selbst dann, wenn der Priming-Effekt gut bekannt ist, wie folgende Geschichte zeigt.

Nachdem ich meine Tochter zur Schule gebracht habe, steige ich wieder ins Auto und starte den Motor. Die Tankleuchte blinkt. Zur Tankstelle sind es nur vier Minuten Fahrtzeit. Ich schalte das Radio ein. Als die letzten Takte eines Lieds verstummt sind, beginnt eine Radiosendung: »... infolge des Corona-Virus abgesagt und ...«, da ist es wieder, das Corona-Virus, gleich im ersten Satz der Sendung. »Meines Erachtens geraten wir unnötig in Panik«, denke ich. Das Radio läuft weiter: »... kann das Corona-Virus ...« – schon wieder – »...muss infolge des Corona-Virus ...« – und zum Dritten. »Wie oft es wohl erwähnt wird, bis ich bei der Tankstelle ankomme?«, frage ich mich und zähle mit. Als ich an der Tanksäule halte, bin ich bei 16 Corona-Virus-Nennungen angekommen. Stolze Leistung. Vier Erwähnungen pro Minute, im Schnitt alle 15 Sekunden. Nachdem ich getankt habe und wieder ins Auto steige, fällt mein Blick – wie zufällig – auf das Fläschchen mit Desinfektionsmittel, das seit Jahren bei mir im Auto steht. »Das muss ich unbedingt mal wieder nachfüllen«, überlege ich. Auf dem Weg zum Gericht mache ich mir Sorgen: »Hoffentlich stecken sich meine Töchter nicht an. Was ist, wenn sich ein Kollege infiziert? Ob das Gericht unter Quarantäne gesetzt wird? Wer von meinen Freunden und Verwandten ist wohl besonders gefährdet?«

Wenn Sie nicht wollen, dass Ihre Entscheidungen maßgeblich von Ihrem heißen System getroffen werden, sondern von Ihrem analytisch und vernünftig denkenden kühlen System, dann müssen Sie die mächtige Wirkung des Priming so gut wie möglich abmildern. Bei Prime-Reizen, die wie die Corona-Virus-Berichterstattung infolge der medialen Informationsüberflutung allgegenwärtig sind, ist eine bewusste und kontrollierte Reizabschottung erforderlich. Beschränken Sie sich darauf, sich einmal täglich für 15 Minuten über das diesbezügliche aktuelle Geschehen zu informieren. Idealerweise sollte der Zeitpunkt hierfür so gewählt sein, dass Sie im Anschluss keine wichtigen Entscheidungen treffen. Und vermeiden Sie Medien, die viele Bilder zeigen, denn Bilder aktivieren – wie bereits erläutert – unmittelbar unser heißes System.

Die Strategie des Richters

Entscheider wissen, welchen starken Einfluss der Priming-Effekt auf jede Entscheidung haben kann. Sie achten deshalb schon in der Zeit vor der Entscheidungssituation auf physische und psychische Einflüsse.

Training für Entscheider

Beobachten Sie heute den Einfluss des Priming-Effekts auf Ihre Entscheidungen, indem Sie sich folgende Fragen stellen:

- Welche Entscheidung möchte ich jetzt treffen?
- Welcher Situation war ich unmittelbar zuvor ausgesetzt?
- Wie hat diese Situation mich beeinflusst? Hat sie mich fröhlich, traurig, wütend oder ängstlich gemacht?

- Wie könnte sich dieser Einfluss auf meine gegenwärtige Gefühlslage auswirken?
- Wie könnte meine Entscheidung hierdurch beeinflusst werden?

Nachdem Sie die beiden Entscheidungssysteme des Gehirns kennengelernt haben, ihre Fähigkeiten und Schwächen sowie ihr Zusammenwirken, wird es Zeit, uns tieferen Regionen des menschlichen Körpers zuzuwenden. Halt, aber nicht zu tief! Wir machen stopp bei unserem Bauch ...

Kapitel 12

Bauchgefühl, der sechste Sinn oder Intuition?

Unter Intuition versteht man die Fähigkeit gewisser Leute, eine Lage in Sekundenschnelle falsch zu beurteilen.

Friedrich Dürrenmatt (1921–1990)

»Hört bitte einmal zu. Ich habe da folgenden Fall ...«, mein Kollege Jan stellt die Espresso-Tasse ab und lehnt sich zurück. Es ist eine typische Situation, wenn wir im Kollegenkreis gemeinsam zu Mittag essen. Ein Richter grübelt über einen Rechtsfall und möchte die Meinung seiner Kollegen hören. Natürlich können sie ohne vertiefte Aktenkenntnis keine juristisch exakte Lösung präsentieren, aber darum geht es auch nicht. Der Fragende möchte das Bauchgefühl seiner Kollegen erfahren. Oder, wie wir Juristen es pseudoakademisch nennen, das »geschulte Judiz«. Dies hilft, um die eigenen Gedanken zu prüfen. Und tatsächlich, kaum dass Jan seine Schilderung beendet hat, sagt Nadja: »Der Klage würde ich stattgeben.« Rolf und ich nicken zustimmend.

Ob man es nun Bauchgefühl, Intuition oder den sechsten Sinn nennt, es bleibt das Gleiche: In bestimmten Situationen haben wir ein Gefühl für die richtige Entscheidung. Wir können jedoch nicht sofort erklären, woher dieses Gefühl kommt. Dürfen wir dieser Intuition, unserem Bauchgefühl, vertrauen und eine Entscheidung darauf stützen? Ich gebe Ihnen wieder eine typische juristische Antwort: Es kommt darauf an!

Tatsächlich kann und darf die Intuition die Grundlage für eine Entscheidung sein, sofern zwei Voraussetzungen erfüllt sind, die im folgenden Abschnitt näher erläutert werden. Als Beispiel dient uns hierfür ein auf den ersten Blick »magisches« Sportereignis, das bereits länger als sieben Jahrzehnte zurückliegt.

Regeln für Bauchgefühle

Monte Carlo, 21. Mai 1950

Die Motoren heulen auf. Soeben startet das mit Spannung erwartete zweite Rennen der Automobil-Weltmeisterschaft von 1950, der Große Preis von Monaco. Sofort setzt sich Juan Manuel Fangio an die Spitze, gefolgt von Giuseppe Farina. Fangio durchfährt den Tunnel und passiert die berüchtigte Chicane du Port ebenso souverän wie die sogenannte Tabakkurve. Doch kaum hat Fangio die gefährliche Kurve verlassen, schwappt eine Welle über das Ufer. Die Fahrbahn wird plötzlich nass. Der nachfolgende Farina kommt ins Rutschen. Sein Wagen dreht sich, kommt zum Stehen. Die anschließenden Fahrer können nicht mehr ausweichen und krachen in Farinas Fahrzeug. Insgesamt zehn Fahrzeuge sind in die Massenkarambolage verwickelt. Der führende Fangio weiß hiervon jedoch nichts. Längst hat er die Kurve verlassen. Ein Funkgerät hat sein Fahrzeug nicht. Selbstsicher steuert Fangio seinen Alfa Romeo 158 weiter den Kurs entlang. Mit einer Durchschnittsgeschwindigkeit von fast 100 km/h. Immer näher kommt er den ineinander verkeilten Fahrzeugen. Vor der Unfallstelle, gleich nach dem Tunnel, befindet sich eine lange gerade Strecke, wie geeignet, das Äußerste aus den Rennwagen herauszuholen. Alle Fahrer nutzen diese Stelle, um ihr Fahrzeug sehr hoch zu beschleunigen. Die Unfallstelle hinter der Kurve ist von der geraden Strecke aus nicht zu sehen. Fangio durchfährt den Tunnel und kommt auf die Gerade. Alle erwarten, dass er aus seinem Wagen das Äußerste herausholt; bis zu 300 km/h fährt der Alfa Romeo. Sollte Fangio mit der Höchstgeschwindigkeit in die ungesicherte Unfallstelle krachen … Doch Fangio beschleunigt nicht! Im Gegenteil bremst er den Alfa ab. Warum? Das weiß Fangio in diesem Augenblick selbst nicht. Ausgesprochen langsam fährt er in die Kurve vor der Unfallstelle, erkennt rechtzeitig die Karambolage und umfährt sie sicher. Fangio ist einer der wenigen Fahrer, denen dieses Kunststück gelingt. Er siegt souverän im Großen Preis von Monaco. In den 1950er-Jahren gewinnt Juan Manuel Fangio fünf Weltmeisterschaften. Ein Rekord, der erst von Michael Schumacher im Jahr 2003 übertroffen wird.

Warum nutzte Fangio die günstige Gelegenheit nicht, um seinen Alfa Romeo auf der langen geraden Strecke zu beschleunigen? Wieso fuhr er mit einer derart langsamen Geschwindigkeit in die Kurve, dass es ihm mit Leichtigkeit gelang, die Unfallstelle sicher und gefahrlos zu passieren? War es Eingebung, verfügte er über einen sechsten Sinn? Erklärungsversuche für das, was als Intuition bezeichnet wird, gibt es seit vielen Jahrhunderten. Die einfachste Erklärung der Fähigkeit der Intuition, die ich je gelesen habe, stammt von dem amerikanischen Sozialwissenschaftler und Nobelpreisträger Herbert Alexander Simon (1916–2001): *»Intuition ist nicht mehr und nicht weniger als Wiedererkennen.«*

Kennst du mich noch?

Nach Simons Auffassung ist eine Intuition ein durch eine bestimmte Situation ausgelöster Gedanke, der auf die im Gedächtnis abgespeicherten Informationen blitzschnell und assoziativ zugreift. Diese Arbeitsweise kennen wir bereits. Tatsächlich handelt es sich um unser heißes System und seine beeindruckende Fähigkeit zu einer Assoziation mit Höchstgeschwindigkeit. Eine bestimmte Situation löst wie ein ins Wasser geworfener Stein eine um sich greifende Welle von Assoziationen aus, an deren Ende ein intuitiver Gedanke steht, der uns eine bestimmte Entscheidung treffen lässt. Der intuitive Gedanke kann zunächst nicht sachlich begründet werden. Das ist völlig normal. Denn sachliche Argumente entstehen erst nach einer bewussten Beurteilung, die Gehirngebiete vornehmen, »die zwar sehr präzise, dafür aber langsam arbeiten«.[42] Dies sind die typischen Eigenschaften unseres kühlen Systems.

Genau so kam auch die intuitive Entscheidung des Rennfahrers Fangio beim Großen Preis von Monaco im Jahr 1950 zustande. In einem Interview sagte Fangio, er habe sich zunächst selbst nicht erklären können, weshalb er entgegen der an der Stelle typischen Fahrweise sein Fahrzeug nicht beschleunigt, sondern sogar abgebremst habe. Erst viel später sei ihm bewusst geworden, weshalb er so reagiert habe. Als er aus dem Tunnel herausgefahren sei, habe er nicht in die Gesichter der dortigen Zuschauer gesehen. Diese hätten ihm üblicherweise als führendem Fahrer entgegenblicken müssen. Stattdessen sah er auf die dunklen Hinterköpfe der Zuschauer, die stur in Richtung der nächsten Kurve blickten. Also musste dort etwas passiert sein. Fangio hatte einige Zeit vor dem Rennen im Fürstenpalast ein

Foto aus dem Jahr 1936 gesehen, das eine Kollision an derselben Stelle zeigte. Die Umstände sprachen also dafür, dass es in der nächsten Kurve erneut zu einem Unfall gekommen war. Genau diesen Schluss hatte sein heißes System im Bruchteil von Sekunden gezogen und die Entscheidung getroffen, das Fahrzeug entgegen der an dieser Stelle üblichen Fahrweise nicht zu beschleunigen, sondern abzubremsen, um mit geringer Geschwindigkeit in die Kurve unmittelbar vor der Unfallstelle einzufahren. Fangio hatte sich von seiner Intuition leiten lassen und auf sie vertraut. Das führt uns zu der entscheidenden Frage: Wann darf man eine Entscheidung intuitiv treffen?

Sollten wir uns immer von unserem Bauchgefühl leiten lassen? Nein, eine Entscheidung sollte nur dann intuitiv getroffen werden, wenn zwei Voraussetzungen erfüllt sind.

Der Experte

Die intuitive Entscheidung entstammt unserem heißen System. Sie beruht auf seiner Fähigkeit zur Assoziation. Assoziieren kann es selbstverständlich nur die Informationen, die unser Gehirn zuvor aufgenommen hat und die daher zur Verfügung stehen. Diese Informationen müssen ausreichend sein, um die jeweilige Situation angemessen entscheiden zu können. Je komplexer eine Situation ist, desto mehr Informationen benötigen wir, um eine angemessene Entscheidung zu treffen. Daher dürfen wir unserer Intuition nur in Situationen vertrauen, die einem Gebiet entstammen, in dem wir über ausreichende Informationen verfügen. In der Regel sind das Gebiete, in denen wir ausreichende Kenntnisse erworben haben, etwa durch eine spezielle Ausbildung, und in denen wir bereits über eine umfassende Erfahrung verfügen. Anders ausgedrückt sind es Situationen, in denen wir Experten sind. Deshalb ist es ratsam, bei einem Hausbrand auf die Intuition eines Feuerwehrmanns zu vertrauen und bei einem Computersystemabsturz auf die Intuition eines Informatikers.

Betrachtet man die Situation, in der sich Fangio während des Autorennens in Monaco im Jahr 1950 befand, ist diese erste Voraussetzung zweifellos erfüllt: Der Argentinier Juan Manuel Fangio konnte 1950 bereits auf eine lange Karriere als Rennfahrer zurückblicken. Mit zwölf Jahren hatte er die Schule verlassen und bald darauf eine Arbeit als Hilfsmechaniker in einer Werkstatt angenommen, die unter anderem Rennwagen reparierte. Dort durfte der Jugendliche auch Rennwagen ausprobieren und entwickelte schon früh fahrerisches Geschick. Bereits vor dem Zweiten Weltkrieg war er bei Rallye-Veranstaltungen in Südamerika gestartet. Als Mechaniker kannte er sich ausgezeichnet mit Fahrzeugen aus. Er war für einen schnörkellosen Fahrstil und die strikte Einhaltung der Ideallinie bekannt. Auf jedes Rennen bereitete er sich gewissenhaft vor, er kannte jede Rennstrecke wie seine Westentasche. Er besaß also ein hervorragendes Expertenwissen über die Situation, in der er in Monaco im Jahr 1950 eine Entscheidung zu treffen hatte.

In meiner mehrjährigen Eigenschaft als Haftrichter bot sich mir mehrmals die Gelegenheit, erfahrene Drogenfahnder bei ihrer Arbeit zu beobachten. Einige wiesen bei Fahrzeug- und Personenkontrollen im Grenzbereich eine Trefferquote von fast 100 Prozent auf! Das bedeutet, in jedem Fahrzeug, das sie anhielten, um es zu kontrollieren, fanden sie auch Betäubungsmittel. Wie gingen sie hierzu vor? Sie beobachteten das Verhalten der jeweiligen Fahrer und verließen sich auf ihre Intuition. Mittlerweile haben neurowissenschaftliche Studien ergeben, dass Menschen über sogenannte Spiegelneuronen verfügen.[43] Das sind spezielle Hirnzellen im prämotorischen Kortex. Sie versetzen uns in die Lage, das zu verstehen, was in einem anderen Menschen vorgeht, den wir beobachten – eine wichtige Fähigkeit für das Zusammenleben in einer Gruppe. Aus den entsprechenden wissenschaftlichen Studien lässt sich auch der Schluss ziehen, dass unsere Spiegelneuronen umso stärker auf das Verhalten eines anderen Menschen reagieren, je häufiger wir bestimmte Verhaltensweisen beobachtet haben. Mit anderen Worten: Die Spiegelneuronen erfahrener Drogenfahnder, die derartige Straftäter über viele Jahre beobachtet haben, reagieren viel stärker auf ein entsprechendes Verhalten. Das versetzt die Fahnder in die Lage, auch solche Personen, die einem Laien kaum verdächtig erscheinen mögen, mit hoher Sicherheit zu identifizieren.

Der Nobelpreisträger Daniel Kahneman formuliert es wie folgt: »Wenn die Umgebung hinlänglich regelmäßig ist und wenn der Beurteiler die Gelegenheit hatte, ihre Regelmäßigkeiten zu erlernen, wird die Assoziationsmaschine Situationen wiedererkennen und schnell zutreffende Vorhersagen und Entscheidungen erzeugen. Wenn diese Bedingungen erfüllt sind, kann man sich auf die Intuition einer Person verlassen.«[44]

Jetzt oder nie!

Die erste Voraussetzung dafür, dass wir unserer Intuition vertrauen, ist eine ausreichende Expertise für die Situation, in der wir zu entscheiden haben. Das allein ist jedoch nicht ausreichend. Vergessen wir nicht: Intuition ist der Entscheidungsvorschlag unseres heißen Systems. Warum sollten wir die Gelegenheit ungenutzt lassen, diesen Vorschlag zu prüfen? Schließlich steht uns genau hierfür ein weiteres System, unser kühles System, zur Verfügung. Gebrauchen wir seine Fähigkeiten zur Konzentration, Fokussierung und Analyse zur Prüfung des Vorschlags! Unser kühles System kann ebenso wie das heiße System auf alle Informationen zugreifen, über die unser Gehirn verfügt, auf all unser Wissen und all unsere Erfahrung, kurz: unsere Expertise. Lediglich in einer bestimmten Art von Entscheidungssituationen sind wir gezwungen, die Gelegenheit zur Überprüfung des Vorschlags unseres heißen Systems ungenutzt zu lassen: Wenn es schnell gehen muss. Denn der Nachteil unseres kühlen Systems besteht darin, dass es für seine Analyse, seine Konzentration und sein strategisches Vorgehen sehr viel Zeit benötigt. Wenn uns diese Zeit nicht zur Verfügung steht, dürfen und können wir unsere Entscheidung auf unsere Intuition, den Vorschlag unseres heißen Systems, stützen. Eine intuitive Entscheidung muss deshalb den Situationen vorbehalten bleiben, in denen »es brennt«. Es sind Situationen, in denen ein weiteres Abwarten schlimme Folgen haben kann. Dies gilt insbesondere für Entscheidungen in bestimmten Berufsfeldern, zum Beispiel dem Rettungsdienst oder der Polizei. Hier kann eine zu spät getroffene Entscheidung schlimme Folgen nach sich ziehen – etwa den Verlust des Lebens.

Auch diese zweite Voraussetzung war in der Situation gegeben, in der sich Fangio 1950 befand. Er hatte blitzschnell eine Entscheidung zu treffen, von der sein Leben und das der anderen Rennfahrer abhingen. Theoretisch hätte er auch auf der Rennbahn rechts ranfahren und aussteigen können, um in Ruhe den intuitiven Vorschlag seines heißen Systems mithilfe seines kühlen Systems zu prüfen. Nur widerspricht ein solches Verhalten dem gewöhnlichen Ablauf eines Autorennens erheblich.

Das Ei ist hart!

Ein Ehepaar sitzt am Frühstückstisch. Der Ehemann klopft mit dem Löffel auf sein Frühstücksei und bemerkt: »Das Ei ist hart! Das Ei ist hart!« Seine Ehefrau entgegnet: »Ich hab's gehört!« Es entsteht ein Gespräch zwischen den Eheleuten, in dem die Ehefrau erklärt, sie koche das Ei, wie ihr Mann es wünsche, jeden Tag genau viereinhalb Minuten. Er erwidert, das könne nicht sein, schließlich sei das Ei mal zu hart und mal zu weich, und fragt, ob sie es »nach der Uhr« koche. Die Ehefrau antwortet: »Nach Gefühl, eine Hausfrau hat das im Gefühl!« Daraufhin fragt der Ehemann zweifelnd: »Vielleicht stimmt dann mit deinem Gefühl was nicht?«

Es muss nicht aus jeder Alltagsentscheidung eine Wissenschaft gemacht werden. Etwa bei der Wahl aus der Speisekarte oder der Suche nach einem Kleidungsstück dürfen wir auch mal unserem Bauchgefühl vertrauen. Was soll schon Schlimmes passieren? Dass uns das Essen nicht schmeckt oder über unser Outfit gelästert wird, lässt sich so eben noch verschmerzen. Bei wichtigen Entscheidungen jedoch sollte das Bauchgefühl stets mit dem kühlen System abgesichert werden – sofern dafür Zeit bleibt.

Ein Richter ist im Gegensatz zu Sanitätern, Polizisten und Feuerwehrleuten in der glücklichen Lage, niemals in Situationen entscheiden zu müssen, in denen schon ein weiteres Abwarten um nur wenige Augenblicke schlimme Folgen haben kann. Er kann sich stets die Zeit nehmen, um den Entscheidungsvorschlag des heißen Systems mit seinem kühlen System zu prüfen. Das gilt selbst für den Fall sogenannter Eilentscheidungen, zu denen insbesondere der Haftbefehl gehört. Nach dem Gesetz ist ein vorläufig festgenommener Beschuldigter unverzüglich dem zuständigen Haftrichter vorzuführen. Dieser hat zu entscheiden, ob gegen den Beschuldigten ein Haftbefehl erlassen wird. Auch in dieser Situation hat der Richter jedoch stets ausreichend Zeit, die Akte zu lesen, den Beschuldigten anzuhören und dann in Ruhe seine Entscheidung zu treffen. Gleichwohl verlassen sich viele Kollegen in dieser Lage auf ihr Gefühl, ihre Intuition, weil sie sich selbst unter einen starken Zeitdruck setzen.

Schon oft habe ich vor allem junge Kollegen gefragt, warum sie einen Haftbefehl nicht erlassen haben, obwohl doch wichtige Gründe hierfür vorgelegen hätten; insbesondere dann, wenn der Beschuldigte kurze Zeit später erneut straffällig geworden oder tatsächlich geflohen war. Die Antwort meiner Kollegen lautete häufig in etwa: »Das musste alles so schnell gehen. Es *fühlte* sich richtig an.« Und ich erwiderte dasselbe wie die Figur aus dem eingangs erzählten Sketch von Loriot: »Vielleicht stimmt dann mit deinem Gefühl was nicht?«

Unserer Intuition sollten wir nur dann vertrauen und eine wichtige Entscheidung auf sie stützen, wenn wir uns in einer Situation befinden, für die wir über eine hinreichende Expertise verfügen und eine sofortige Entscheidung unbedingt erforderlich ist, da andernfalls schwere, insbesondere lebensgefährliche Folgen drohen, und nicht, weil wir uns unnötig selbst unter Zeitdruck setzen.

Bauchgefühl lernen und verbessern?

Unser Bauchgefühl, unsere Intuition, ist nicht mehr und nicht weniger als ein Entscheidungsvorschlag unseres heißen Systems, der auf seiner Fähigkeit zur blitzschnellen Assoziation beruht und die Informationen gebraucht, die sich bereits in unserem Gehirn befinden. Daher müssen wir Intuition nicht lernen. Vielmehr gehört sie zu unserer natürlichen, angeborenen Grundausstattung. Interessant ist jedoch die Frage, ob wir unsere Intuition so verbessern können, dass sie angemessene Entscheidungsvorschläge hervorbringt, also Vorschläge, die auch eine Prüfung unseres kühlen Systems bestehen. Lässt sich unsere Intuition trainieren?

Der Psychologe Gerd Gigerenzer beschreibt, wie eine Forschungsgruppe der Universität von Michigan beauftragt wurde, die Qualität ärztlicher Entscheidungen zu verbessern.[45] In einem Krankenhaus im US-Bundesstaat Michigan stellte sich heraus, dass 90 Prozent der Patienten mit starken Brustschmerzen auf die kardiologische Intensivstation verlegt wurden, viele dieser Patienten jedoch ungerechtfertigt. Infolgedessen war die Intensivstation stark überbelegt, und das Pflegeniveau sank. Darüber hinaus brachte der Aufenthalt auf der Intensivstation einige Risiken mit sich, so insbesondere krankenhausbedingte Infektionen, die besonders häufig auf Intensivstationen auftreten. Zunächst entwickelte die beauftragte Forschungsgruppe eine komplexe Strategie, das »Heart Disease Predictive Instrument« (HDPI), eine Tabelle mit rund 50 Wahrscheinlichkeiten nebst zugehöriger Formel. Anhand dieser Formel und mithilfe eines Taschenrechners kann die Wahrscheinlichkeit berechnet werden, ob ein Patient auf die Intensivstation verlegt werden soll. Nach den ersten Versuchen mit diesem System verbesserten sich die Entscheidungen der Ärzte deutlich. Die Forschungsgruppe überprüfte, ob ihre Strategie zu der Verbesserung der ärztlichen Leistung geführt hatte, indem sie den Ärzten die Tabellen, die Formel und die Taschenrechner wieder entzog. Sie erwartete, dass sich die Leistung der Ärzte nun wieder verschlechtern würde. Doch zur Überraschung der Forscher war dies nicht der Fall. Die Leistung der Ärzte blieb weiterhin verbessert. Eine Überprüfung ergab, dass die Ärzte sich nicht etwa die Tabelle, die Formel und die Rechenoperationen eingeprägt hatten. Die meisten Ärzte hatten sogar über große Schwierigkeiten mit der Arbeitsweise anhand der Tabelle geklagt.[46] Was war dann der Grund dafür, dass ihre Entscheidungen trotzdem erheblich besser geworden und besser geblieben waren? Die Ärzte hatten eine Faustformel entwickelt: Die entscheidenden Faktoren der Tabelle hatten sie sich derart gut eingeprägt, dass ihr heißes System diese assoziativ bei einem intuitiven Entscheidungsvorschlag zugrunde legen konnte. Diese Beobachtung nahm die Forschungsgruppe zum Anlass, eine Faustregel in Gestalt eines sogenannten effizienten Entscheidungsbaums zu entwickeln, die nur aus drei Fragen besteht:

- Hat der Brustschmerz-Patient eine bestimmte Anomalie im EKG? Falls ja, kommt er auf die Intensivstation. Andernfalls kommen wir zur nächsten Frage:
- Sind die Hauptbeschwerden Brustschmerzen? Falls nein, kommt er auf die Normalstation. Andernfalls ist die dritte und letzte Frage zu stellen, nämlich:
- Liegt einer der anderen fünf EKG-Faktoren vor? Falls ja, kommt er auf die Intensivstation, andernfalls auf die Normalstation.

Nachdem die Ärzte des Krankenhauses systematisch in der Anwendung dieser einfachen Faustregel unterwiesen worden waren, wurde die Zahl falscher Alarme beinahe halbiert. Gleichzeitig wurden weniger Patienten, die einen Herzinfarkt erlitten hatten, auf die Normalstation verlegt.

Durch die Verinnerlichung einfacher, aber wissenschaftlich gestützter Faustregeln kann die Intuition also erheblich verbessert werden. Einfache Faustregeln in Gestalt effizienter Entscheidungsbäume bestehen Gigerenzer zufolge aus nur drei Bausteinen:[47] »Suche nach Faktoren in der Reihenfolge ihrer Bedeutung (1) und beende die Suche, wenn ein Faktor es erlaubt (2). Klassifiziere das Objekt anhand dieses Faktors (3).«

Einer Intuition sollte aber auch bei großer Expertise und Unterstützung durch vernünftige Faustregeln nicht »blind« gefolgt werden, wenn die zeitliche Möglichkeit besteht, die Intuition zu überprüfen. Dies gilt vor allem für Menschen in Berufen, in denen regelmäßig unaufschiebbare Entscheidungen getroffen werden müssen: für Rettungskräfte, Ärzte, Polizeibeamte und Mitarbeiter der Sicherheitsdienste. Als Richter habe ich das große Glück, in einem Beruf tätig zu sein, der keine derartigen extremen Eilentscheidungen erfordert, sodass ich mich bei meinen Entscheidungen nicht auf meine Intuition verlassen muss.

Die Strategie des Richters

Entscheider vertrauen ihrer Intuition bei wichtigen Entscheidungen nur, wenn zwei Voraussetzungen erfüllt sind:

- Die Entscheidung ist in einem Bereich zu treffen, in dem sie über eine ausreichende Expertise verfügen.
- Es besteht keine Möglichkeit, die Intuition zu überprüfen, da andernfalls schwerwiegende Nachteile drohen.

Training für Entscheider

Prüfen Sie heute, ob Sie in Ihrem Berufs- oder Privatleben Situationen finden, in denen Sie nach den oben genannten Kriterien Bauchentscheidungen treffen sollten.

- Suchen Sie zunächst Situationen, in denen schon eine leicht verzögerte Entscheidung schwerwiegende Nachteile zur Folge haben könnte.
- Prüfen Sie sodann, ob Sie für diese Situationen über eine hinreichende Expertise verfügen.

Frauen darf man(n) trauen?

Lassen Sie uns mit einem typischen Vorurteil aufräumen. Geben Sie es ruhig zu, wenn Sie das Wort Intuition hören, dann fügen Sie in Gedanken das Adjektiv »weibliche« automatisch hinzu. Den Begriff »männliche Intuition« benutzen wir kaum, höchstens mit einem Augenzwinkern. Weibliche Intuition? Natürlich!

Aber männliche Intuition? Gibt es so etwas überhaupt? Tatsächlich halten sich mehr Frauen für intuitiv als Männer. In einer Studie des britischen Psychologen Richard Wisemann im Jahr 2005 mit mehr als 15 000 weiblichen und männlichen Teilnehmern, bei der es um die intuitive Fähigkeit ging, ein echtes Lächeln von einem falschen zu unterscheiden, schätzten sich zwar 77 Prozent der Frauen als sehr intuitiv ein, aber nur 58 Prozent der Männer. Das Versuchsergebnis zeigte jedoch: Männer und Frauen sind annähernd gleich gut darin, intuitiv ein echtes Lächeln zu erkennen (71 Prozent der Frauen und 72 Prozent der Männer).

Wenn also Frauen und Männer gleichermaßen über die Fähigkeit der Intuition verfügen, existiert dann vielleicht wenigstens eine Art Spezialisierung? Gibt es eine typisch männliche oder typisch weibliche Intuition? Ich glaube schon. Meistens in Situationen, in denen der Mann oder die Frau typischerweise eine größere Erfahrung oder Sachkenntnis haben. Wenn meine Frau und ich zum Beispiel gemeinsam Fußball schauen, ertönt bei vielen unübersichtlichen Spielsituationen und noch bevor die Zeitlupe eingespielt wird, intuitiv der Aufschrei »Ist der Arsch blind?!? Das war ein Foul!«. Sehr oft ist diese intuitive Einschätzung richtig. Das liegt allein an größerer Sachkenntnis und mehr Erfahrung. Meine Frau schaut Fußball nämlich viel lieber als ich ...

Kapitel 13
Acht entscheidende Fehler

Wir können blind sein für das Offensichtliche und wir können blind sein für unsere Blindheit.

Daniel Kahneman

Sicher haben Sie schon von den sogenannten Denkfehlern gehört oder gelesen, denen wir tagtäglich erliegen. Dutzende dieser Denkfehler wurden mittlerweile entdeckt, beobachtet und erforscht. Hier eine kleine Auswahl: der Endowment-Effekt, die Prognose-Illusion, der Overconfidence-Effekt, das Autoritätsargument, der Anker-Effekt, das Self-Handicapping, der Kontrasteffekt, die Verfügbarkeitsheuristik, das Auswahl-Paradox, der Halo-Effekt ... und das sind längst noch nicht alle.[48]

Um sämtliche Denkfehler nicht nur zu verstehen, sondern auch bei den eigenen Entscheidungen zu vermeiden, bedarf es langer und konzentrierter Übung. Und selbst dann ist nicht ausgeschlossen, dass sich im Alltag der ein oder andere Denkfehler einschleicht. Selbst erfahrene Psychologen, die sich auf die Erforschung der Denkfehler spezialisiert haben, räumen ein, dass sie immer wieder Opfer dieser Fehler werden. Es ist wie bei den meisten optischen Täuschungen: Wir wissen zwar, dass ein bestimmter Effekt nur eine optische Täuschung ist, unser Auge lässt sich jedoch trotzdem täuschen.

Unser heißes System wird die meisten der in diesem Buch beschriebenen Denkfehler weiterhin machen, auch wenn wir sie kennen und ihre Wirkung verstanden haben. Allerdings werden unsere Chancen steigen, einen Entscheidungsvorschlag unseres heißen Systems zu erkennen, der auf einem Denkfehler beruht. Allein hierdurch vergrößern wir die Wahrscheinlichkeit, einen Entscheidungsfehler zu vermeiden. Das kann man mit einer Körpertäuschung beim Fußball vergleichen. Wenn Sie noch nie von einer Körpertäuschung gehört haben, dann liegt die Wahrscheinlichkeit, dass Sie hierauf hereinfallen, bei 100 Prozent. Sie reagieren schlicht auf die Täuschung und werden überrumpelt. Ist Ihnen jedoch das Mittel der Körpertäuschung bekannt, ist die Wahrscheinlichkeit, dass Sie darauf hereinfallen, erheblich verringert.

Es schadet sicherlich nicht, sämtliche Denkfehler und ihre Wirkung zu kennen. Meines Erachtens ist es jedoch völlig ausreichend, sich auf einige wenige Denkfehler zu fokussieren, die in den meisten Entscheidungssituationen auftreten können. Das ist eine effiziente Methode, um die Entscheidungskompetenz zu verbessern. Daher habe ich in diesem Kapitel die acht Denkfehler ausgewählt, die in etwa 80 Prozent aller Entscheidungen eine wichtige Rolle spielen. Wenn Sie sich darauf konzentrieren, diese Denkfehler bei Ihren Entscheidungen zu vermeiden, werden Sie in Zukunft in acht von zehn Fällen besser entscheiden.

Nr. 1: Baby, I can see your halo

Juli 2005, Amtsgericht Aachen

Ich kann es kaum glauben! Bereits der zweite Zeuge schildert, die Angeklagte habe ihn um sein Geld gebracht. Angeblich habe sie ihm vorgespielt, in ihn verliebt zu sein, und Geld geliehen, das sie nie habe zurückzahlen wollen. Haben sich die Zeugen gegen die Angeklagte verschworen? So sehr ich auch nach einer Unstimmigkeit in den Zeugenaussagen suche, finde ich keine. Also muss ich weitersuchen! Heute bin ich im Rahmen meiner Referendarausbildung als Vertreter der Staatsanwaltschaft im Gerichtssaal. »Streng dich mal ein bisschen an!«, ermahne ich mich. Da reißt mich die Angeklagte aus meinen Gedanken: »Also gut, ich gebe es zu! Ich habe die beiden Typen nur ausgenutzt. Verliebt war ich in keinen von denen!« Bitte was? Habe ich richtig gehört. Diese hübsche junge Frau hat gerade gestanden? Nein, das kann nicht sein. Ich kann es nicht glauben. Oder besser: Ich will es nicht glauben …

Für den bereits 1920 vom Psychologen Edward Lee Thorndike geprägten Begriff des Halo-Effekts[49] hätte kein besserer Name gewählt werden können. Halo, das englische Wort für Heiligenschein, beschreibt diesen Denkfehler ausgezeichnet. Wie einen Heiligen betrachten wir einen Menschen, den wir hinsichtlich einer für uns wichtigen Eigenschaft besonders positiv beurteilen. Ist für uns die Redegewandtheit eines Menschen wichtig und tritt dieser sehr eloquent auf, dann gehen wir unbewusst davon aus, dass auch andere Eigenschaften dieser Person durchweg positiv sind. Ist jemand ein treuer Ehemann, dann muss er auch ein liebevoller Familienvater sein, oder? Jedenfalls würde es uns sehr überraschen, wenn er es nicht wäre.

Natürlich hat auch der Halo-Effekt seinen Ursprung in assoziierenden Schnellschüssen unseres heißen Systems. Verbinden wir mit einem für uns wichtigen Attribut einer Person ein positives Urteil, so wird dieses Urteil von unserem heißen System auch für solche Eigenschaften der Person als Entscheidungsgrundlage gewählt, die wir infolge fehlender Informationen gar nicht beurteilen können. Darum waren viele Menschen entsetzt, als sie von den unzähligen Affären von US-Präsident John F. Kennedy erfuhren. Was, dieser charismatische und visionäre Mann, der uns alle vor dem Dritten Weltkrieg bewahrt hat, soll ein Ehebrecher sein? Das kann ich nicht glauben. Diesen schlichten Weg wählt unser heißes System nicht nur für Personen, sondern auch für Gegenstände oder Situationen. Empfinden wir einen Menschen als schön, neigen wir dazu, ihn automatisch als nett, ehrlich und intelligent zu betrachten – auch wenn wir ihn nicht persönlich kennen.[50] So bewertet unser heißes System assoziativ die Person. Und unser kühles System liegt einmal mehr träge in der Sonne und denkt gar nicht daran, den Vorschlag des heißen Systems zu überprüfen.

Die Folgen des Halo-Effekts sind weitreichend. Er ist nicht nur die Ursache dafür, dass gut aussehende Menschen nachweislich einen erheblichen Vorteil beim Wettbewerb um eine Stelle haben, sondern auch, dass wir maßlos enttäuscht sind, wenn sich unser Urteil als falsch herausstellt. Der sympathische Schauspieler mit dem netten Lächeln nimmt Drogen und verprügelt seine Ehefrau? Das kann ich nicht glauben. Der Halo-Effekt funktioniert übrigens auch umgekehrt: Finden wir einen Menschen besonders hässlich, dann gehen wir davon aus, dass er auch unfreundlich und gemein ist. Hat sich ein Mensch im höchsten Maße unmoralisch verhalten, so passt es viel besser in unser Bild, wenn er auch im Übrigen ausschließlich negative Eigenschaften hat. Umso verwunderter sind wir, wenn positive Eigenschaften über ihn bekannt werden: Der Serienmörder war nett zu Tieren, der Betrüger ist ein fürsorglicher Familienvater, der Bankräuber hilft ehrenamtlich im Altersheim. Das hat es alles schon gegeben. Und stets waren wir von diesen Umständen so überrascht, dass wir sie nicht glauben wollten.

Der Halo-Effekt muss vor allem von Personen berücksichtigt werden, die Personalentscheidungen treffen. Die allseits bekannte Macht des »ersten Eindrucks« ist eine Erscheinung des Halo-Effektes. Ist der erste Eindruck eines Bewerbers positiv, werden später auftretende negative Eigenschaften unter- und positive Eigenschaften überbewertet. Ist umgekehrt der erste Eindruck negativ, misst der Entscheider im weiteren Verlauf des Bewerbungsgesprächs auftretenden negativen Eigenschaften eine zu hohe Bedeutung bei und übersieht allzu leicht die positiven Eigenschaften des Bewerbers.

Dem Halo-Effekt steuern wir entgegen, indem wir unser kühles System bewusst aktivieren. Erkennen wir eine Situation, in der es typischerweise zu einem Halo-Effekt kommen kann, z.B. in einem Auswahlgespräch oder einer schulischen oder universitären Prüfung mit ein oder mehreren Kandidaten, müssen wir uns zunächst die Eigenschaften und die Wirkungsweise dieses Denkfehlers bewusst ins Gedächtnis rufen – wie bei meinem Vergleich mit der Körpertäuschung im Fußball. Wenn wir auf die Täuschung vorbereitet sind, erhöhen sich automatisch unsere Chancen, ihr zu widerstehen. Weiter können wir dem Halo-Effekt entgegenwirken, indem wir gezielt nach Umständen suchen, die unser Urteil bzw. unser Vorurteil widerlegen können. Haben wir von einem Kandidaten einen guten ersten Eindruck, dann suchen wir gezielt nach Eigenschaften und Verhaltensweisen, die diesen Eindruck widerlegen. Dies ist eine Methode, die in der Wissenschaft eingesetzt wird, um Theorien zu überprüfen: Es wird nicht nach Argumenten gesucht, die die Theorie stützen, sondern nach Argumenten, welche die Theorie widerlegen.

Im Rahmen von Personalentscheidungen hat sich ein System bewährt, das den Halo-Effekt nahezu vollständig ausschalten kann, sofern es konsequent angewendet wird. Es beruht, wie Daniel Kahneman in *Schnelles Denken, langsames Denken* dargelegt hat, auf der Konzentration auf standardisierte, sachbezogene Fragen.[51] Ich gebe Ihnen ein konkretes Beispiel, wie ein solches standardisiertes Verfahren aufgebaut werden kann:

Zunächst werden fünf bis sieben Eigenschaften bestimmt, die der jeweilige Bewerber für die zu besetzende Stelle haben soll. Diese Eigenschaften werden der Wichtigkeit nach geordnet. Für jede Eigenschaft werden zwischen null Punkte (»Eigenschaft nicht vorhanden«) bis drei Punkte (»Eigenschaft sehr ausgeprägt«) vergeben. Im Anschluss werden für jede Eigenschaft zwei bis drei Fragen ausgesucht, die jedem Bewerber gestellt werden, um im Anschluss eine Beurteilung des Bewerbers bezüglich der jeweiligen Eigenschaft abgeben zu können. Wichtig sind bei einem auf diese Weise geführten Vorstellungsgespräch zwei Regeln: Der Bewertende muss erstens bei jedem Bewerber dieselbe Reihenfolge der zu prüfenden Eigenschaften einhalten und dieselben Fragen stellen. Zweitens muss der Bewertende, unmittelbar nachdem eine Eigenschaft geprüft wurde, eine Punktzahl vergeben, bevor er die nächste Eigenschaft prüft. Andernfalls besteht die Gefahr, dass der Kandidat etwa bei der vierten geprüften Eigenschaft eine Top-Antwort liefert und der Prüfer infolge des Halo-Effekts auch für die ersten drei Eigenschaften eine höhere Punktzahl vergibt, als er sie unmittelbar nach der Beantwortung dieser Fragen gegeben hätte.

Der Bewerber mit der höchsten erreichten Punktzahl ist – objektiv betrachtet – der bestmögliche Bewerber für die zu besetzende Stelle. Einigen mit Personalentscheidungen betrauten Personen wird es schwerfallen, auf das Ergebnis eines solchen standardisierten Verfahrens zu vertrauen. Das gilt insbesondere dann, wenn der Entscheidungsträger schon seit vielen Jahren Personalentscheidungen getroffen hat und dabei immer auf seine »Intuition« vertraut hat.[52] Nicht wenige Personalentscheider befürchten, dass ihre Fähigkeiten und Erfahrungen plötzlich nichts mehr wert sind. Diese Befürchtung ist allerdings unzutreffend. Das Urteilsvermögen der entscheidenden Person ist im Gegenteil nach wie vor von erheblicher Bedeutung, nämlich bei der Vergabe der einzelnen Punkte. Lediglich die noch komplexere Entscheidung, welcher Kandidat der geeignetste Bewerber ist, wird mithilfe eines Systems ermittelt, das gegen Entscheidungsfehler wie den Halo-Effekt immun ist.

Der eingangs geschilderte Fall vom Juli 2005 am Amtsgericht Aachen hat mich veranlasst, mir den Halo-Effekt auch in meinem Beruf als Richter immer wieder ins Gedächtnis zu rufen – nicht nur, wenn mir besonders gut aussehende oder hässliche Menschen begegnen. Die Angeklagte wurde übrigens zu einer Geldstrafe verurteilt. Als sie den Sitzungssaal verließ, blickte ich ihr noch lange Zeit hinterher. Der damalige Strafrichter, ein erfahrener alter Hase, wusste offenbar genau, was ich dachte. Er lächelte verschmitzt: *»Hätte man dem hübschen Mädchen gar nicht zugetraut, was?«*

Die Strategie des Richters

Entscheider kennen den Halo-Effekt. Sie begegnen ihm, indem sie gezielt nach Umständen suchen, die ihr gutes bzw. schlechtes Vorurteil widerlegen. Personalentscheider meiden den Halo-Effekt, indem sie ihre Beurteilung auf streng formalisierte und standardisierte Prüfungen stützen.

Training für Entscheider

Widmen Sie sich heute dem Halo-Effekt und beobachten Sie seine Auswirkungen auf Ihr persönliches Entscheidungsverhalten, indem Sie sich folgende Fragen stellen:

- Wann hat eine Person, die ich kürzlich kennengelernt habe, bei mir einen guten oder schlechten Eindruck hinterlassen?
- Was war der Grund für diesen guten/schlechten Eindruck?
- Habe ich mich anschließend gegenüber der Person entsprechend meinem Eindruck verhalten? War ich besonders freundlich/unfreundlich, offen/verschlossen, hilfsbereit/zurückhaltend?
- Welches Verhalten, das ich anschließend bei der Person beobachten konnte, ist geeignet, meinen Eindruck zu relativieren?

Nr. 2: Von Brücken, Teenagern und Börsencrashs

»Und warum hast du die Unterwäsche geklaut?«, fragt die Staatsanwältin die junge Angeklagte. Sie ist 16 Jahre alt, ihre Schulnoten

sind überdurchschnittlich gut, ihre Familie gehört zur Mittelschicht. »Du hättest sie dir doch locker von deinem Taschengeld kaufen können!«, fügt die Staatsanwältin hinzu. Die Angeklagte überlegt kurz und sagt dann: »Aber meine Freundinnen haben doch auch alle etwas in dem Laden geklaut!« Die Antwort gefällt der Staatsanwältin offenbar nicht: »Das ist doch kein Grund! Wenn deine Freundinnen alle von einer Brücke springen, springst du dann auch?«

Derartige Gespräche sind uns nicht unbekannt, wobei ich Ihnen aufrichtig wünsche, dass Sie sie nicht vor einem Jugendrichter führen mussten. Und unter Berücksichtigung der Grundeinstellung unseres Gehirns wissen wir auch, wie die Antwort der jugendlichen Angeklagten auf die Frage der Staatsanwältin lautet, nämlich: »Klar springe ich! Hundertprozentig!« Zugegeben, das ist etwas überspitzt, trotzdem zeigt es anschaulich, wie Menschen sich verhalten. Und nicht nur Teenager! Börsen-Blasen, Mode-Hypes und Massenpanik entstehen nur, weil andere es auch so machen. Und genau dieses Verhalten anderer wird von unserem Gehirn registriert, genauer von unserem Nucleus caudatus, der unter der Großhirnrinde liegt. In der Frühzeit der Menschheit war es durchaus von entscheidender Bedeutung, das Verhalten anderer Menschen zu beobachten und nachzuahmen. Liefen alle anderen Mitglieder eines Stammes plötzlich weg, hat es sich als sinnvoll erwiesen, ebenfalls in gleicher Richtung wegzurennen und auf diese Weise dem Angriff eines wilden Tieres, dem Herabstürzen einer Lawine oder einem Waldbrand zu entgehen. Ebenso dürfte es sich bewährt haben, seine Mitmenschen zu beobachten, wenn diese Nahrung zu sich nahmen, und dieselben Nahrungsmittel zu essen bzw. um die vermeintlichen

Nahrungsmittel einen großen Bogen zu machen, die andere Menschen nicht anrührten.

Social-Proof lautet der Fachbegriff, den der US-amerikanische Psychologe Robert Cialdini für dieses psychologische Phänomen verwendet, das im Volksmund auch als Herdentrieb bezeichnet wird. Es handelt sich erneut um eine Einrichtung in unserem Gehirn, die in der relativ einfachen Welt unserer Vorfahren äußerst nützlich, ja sogar überlebenswichtig war, jedoch in unserem heutigen komplexen Leben nicht mehr von gleichem Nutzen ist. Wenn wir die Handlungen anderer zu sehr in unseren Entscheidungsprozess einbeziehen, können sehr leicht kurzfristige Übertreibungen entstehen. Darum kauften plötzlich alle Aktien am Neuen Markt. Und darum kaufte plötzlich niemand mehr Aktien, nachdem die Blase geplatzt war – selbst dann nicht mehr, als sich der Markt schon längst wieder erholt hatte. Und darum trugen in den 1970er-Jahren alle diese seltsamen Frisuren, obwohl es schon damals gut ausgebildete Friseure gab ...

Das Social-Proof-Phänomen wird übrigens durch das Internet erheblich verstärkt. Immer häufiger beschränken sich Menschen darauf, ihre Informationen allein aus dem Internet zu beziehen. Das Internet-Wissen ist das größte Wissen, und es ist allgegenwärtig, also muss es auch richtig sein, oder? Wir beschränken uns häufig darauf, das Internet-Wissen nicht mehr infrage zu stellen und nicht zu überprüfen. Dieses Wissen legen wir unseren eigenen Entscheidungen zugrunde, sofern überhaupt noch von *eigenen* Entscheidungen die Rede sein kann. Vielmehr schließen wir uns einer Mehrheitsentscheidung an – auch wenn wir selbst nicht überzeugt sind. Um dem zu widerstehen, ist eine erhebliche Willenskraft erforderlich, die allzu häufig bereits von vielen unwichtigen Entscheidungen restlos aufgezehrt wurde.

Social-Proof ist übrigens ein Phänomen, das auch in meinem Kollegenkreis weitverbreitet ist. Immer häufiger sind Richter auf der Suche nach einem geeigneten Urteil, das sie nur noch abschreiben müssen. Warum? Weil es alle so machen. Zugegeben, die Wahrscheinlichkeit, dass eine juristische Begründung des Bundesgerichtshofs ganz und gar falsch ist, ist gering – wenn auch nicht ausgeschlossen. Gleichwohl sollte ein Richter, der etwas taugt, eine fremde Entscheidung lesen, prüfen und sich fragen, ob er sich mit der Begründung anfreunden kann. Falls dies der Fall ist, ist nichts dagegen einzuwenden, die Entscheidung – auch im Wortlaut – zu übernehmen. Aber er sollte sie nicht nur deshalb übernehmen, weil es alle so machen.

Doch nicht nur Juristen, sondern auch Anlageberater und Börsenspekulanten erliegen allzu häufig dem Social-Proof-Phänomen. Wenn alle anderen eine bestimmte Aktie kaufen, dann muss an dieser Aktie doch etwas dran sein, oder? Peter Lynch, der legendäre Manager des Fidelity Magellan Fund, erklärte einmal: *»Wenn ich eine bestimmte Aktie meiden könnte, dann wäre es die heißeste Aktie in der heißesten Branche, diejenige, um die der meiste Werberummel gemacht wird, von der jeder Anleger auf dem Parkplatz oder im Vorortzug hört und die er aus sozialen Zwängen heraus oftmals kauft, um nicht als Außenseiter dazustehen.«* Ein weiser Ratschlag. Peter Lynch erzielte übrigens im Durchschnitt eine Performance des Funds von 30 Prozent pro Jahr (!) während eines Zeitraums von mehr als einem Jahrzehnt.

Der Vorschlag von Peter Lynch zur Auswahl einer Aktie, der am Neuen Markt vielen Telekom-Aktionären einen horrenden Verlust erspart hätte, kann verallgemeinert werden, um dem Social-Proof-Phänomen zu entgehen. Stellen Sie bei einer wichtigen Entscheidung stets die Frage: Entscheide ich nur so, weil alle anderen es auch so machen?

Die Strategie des Richters

Entscheider treffen ihre Entscheidung nicht, weil alle anderen es auch so machen. Weder ist eine Entscheidung richtig, weil alle sie treffen, noch ist eine Entscheidung falsch, weil alle anderen sie nicht treffen.

Training für Entscheider

Überprüfen Sie Ihre Entscheidungen auf den Social-Proof-Effekt.

- Wann haben Sie zuletzt eine Entscheidung getroffen, die in gleicher Weise viele andere Personen getroffen haben?
- War Ihnen die Entscheidung der anderen Personen bekannt, als Sie Ihre Entscheidung getroffen haben?
- Wollten Sie die Entscheidung treffen, bevor Ihnen die Entscheidung der anderen Personen bekannt war?
- Welche Gründe hatten Sie für Ihre Entscheidung?

Nr. 3: Werft Anker!

»Können wir die Beweisaufnahme schließen?«, frage ich und blicke in Richtung des erfahrenen Verteidigers. Er ist Anfang 50 und hat mich in der letzten Stunde sehr positiv beeindruckt. Seine Nach-

fragen an die vernommenen Zeugen waren ebenso höflich wie präzise, sein Auftreten war selbstbewusst, aber nicht überheblich, seine Rhetorik meisterhaft. »Ich habe zwei vergleichbare Sachverhalte im letzten Monat verhandelt. Einen in München und einen in Frankfurt. In beiden Fällen kamen Freiheitsstrafen von unter einem Jahr heraus. Ich denke, wir können die Beweisaufnahme schließen«, antwortet er auf meine Frage. Aha, auch mit Entscheidungspsychologie kennt er sich aus …

Schätzen Sie bitte die Körpergröße Ihres Postboten! Ich gehe davon aus, dass Sie ihn noch nie gefragt oder vermessen haben. In diesem Fall gehen Sie gedanklich wie folgt vor: Sie überlegen, wann Sie ihm zuletzt gegenübergestanden haben. Blickten Sie ihm in die Augen, sahen Sie zu ihm auf oder auf ihn herunter. Wie groß Sie selbst sind, das wissen Sie. Sie nutzen also Ihre eigene Körpergröße als Ausgangspunkt, um die Größe des Postboten zu schätzen. Und das Ergebnis ist in der Regel gar nicht mal schlecht.

Wann immer wir etwas schätzen müssen, benutzen wir Bezugspunkte, sogenannte Anker. Wie groß ist das Auto des Nachbarn? Mein Auto ist 3,5 Meter lang, seines ist etwas größer, also etwa 3,8 Meter. Es ist vernünftig, einen Anker, eine vergleichbare Größe zu nutzen, um eine Schätzung abzugeben. Leider werden Anker jedoch auch dort eingesetzt, wo sie keinen angemessenen Bezugspunkt haben. Rolf Dobelli berichtet in *Die Kunst des klaren Denkens* von einem Experiment, in dem ein Professor eine Flasche Wein auf einen Tisch stellt. Dann fordert er seine Studenten auf, die letzten beiden Zahlen ihrer Sozialversicherungsnummer zu notieren und zu überlegen, ob sie bereit wären, eben diese Zahl auch in Euro für die Flasche Wein zu zahlen. Im Anschluss versteigert er die Flasche. Hierbei sind diejenigen Studenten, die eine höhere Ziffer aufgeschrieben haben, tatsächlich bereit, einen fast doppelt so hohen Betrag zu bieten wie die Studenten mit den niedrigen Ziffern.[53] Zur Erinnerung: Aufgeschrieben wurden die letzten beiden Zahlen der Sozialversicherungsnummer, die in keinem Zusammenhang mit dem Wert der Weinflasche stehen! Trotzdem bilden sie offensichtlich den Bezugspunkt für das abgegebene Angebot.

Was geschieht im Gehirn der Studenten? Verantwortlich ist, das haben Sie sicherlich bestimmt schon vermutet, erneut das Zusammenspiel der beiden Systeme. Das heiße System sucht und findet für seine Schätzung den nächstbesten Anker, den es dem kühlen System präsentiert, nämlich eine Zahl, die ihm kurze Zeit zuvor aufgetischt wurde. Das kühle System kommt seinen Prüfpflichten nicht nach, sondern übernimmt den auf diesem bedeutungslosen Anker beruhenden Entscheidungsvorschlag des heißen Systems. Daniel Kahneman führt in *Schnelles Denken, langsames Denken* den Anker-Effekt in den meisten Fällen auf das bereits erörterte Priming des heißen Systems durch den jeweiligen Anker zurück.[54]

Der Anker-Effekt beeinflusst Laien und Profis unterschiedlicher Berufsfelder in gleicher Weise, was zahlreiche Versuche belegen. So konnten die Psychologen Katrin Dünnebier, Cornelia Gräsel und Sabine Krolak-Schwerdt beispielsweise darlegen, dass sich der Anker-Effekt bei Lehrkräften in den Fachbereichen Deutsch und Mathematik nachweislich auswirkt, wenn den Lehrern eine Klausur zur Beurteilung vorgelegt wird, die vermeintlich mit einer Zwei (gut) beziehungsweise Vier (ausreichend) bereits vorbenotet wurde.

Auch in meinem Kollegenkreis kann der Anker-Effekt erhebliche Auswirkungen haben. Die Sozialpsychologin Birte Englich führte hierzu eine Studie durch, deren Ergebnisse ebenso beeindruckend wie erschreckend sind.[55] In ihrem Experiment legte sie deutschen Richtern mit einer durchschnittlichen Berufserfahrung von 15 Jahren einen strafrechtlichen Sachverhalt zur Entscheidung vor. Der Angeklagte hatte einen Ladendiebstahl begangen. Bevor die Richter ihre Entscheidung trafen, mussten sie zwei Würfel werfen. Die Würfel waren, was die Richter nicht wussten, gezinkt, sodass stets entweder eine Neun oder eine Drei gewürfelt wurde. Im Anschluss fragte Birte Englich die Richter, ob sie den Ladendieb zu einer Freiheitsstrafe in Monaten verurteilen würden, die höher oder niedriger als die geworfene Zahl wäre, und wie hoch die Strafe exakt sein würde. Die Richter, die eine Drei gewürfelt hatten, entschieden sich im Schnitt für eine Freiheitsstrafe von fünf Monaten. Hingegen entschieden sich die Richter, die eine Neun gewürfelt hatten, im Schnitt für eine Freiheitsstrafe von acht Monaten. Ein erstaunlicher Beleg für den Anker-Effekt. Allerdings wollten sich die Richter – im Gegensatz zu anderen Berufsgruppen – diese Anfälligkeit für den Anker-Effekt nicht eingestehen. Daran können Sie erkennen, wie gefährlich eine Kombination von Ignoranz und Arroganz sein kann.

Übrigens gibt das deutsche Strafprozessrecht nach § 258 Absatz 1 unter Berücksichtigung des Anker-Effekts und dessen Auswirkungen auf die richterliche Urteilsfindung der Staatsanwaltschaft insofern einen Vorteil, denn der Staatsanwalt hat das Recht zum ersten Plädoyer, stellt also auch den ersten Antrag zur Strafhöhe.[56] Daher hat er die Möglichkeit, mit seinem Antrag einen Anker im Kopf des Richters zu setzen. Dieser Vorteil ist vielen guten Verteidigern bewusst. Allem Anschein nach kannte auch der Rechtsanwalt in dem eingangs geschilderten Sachverhalt das Problem des Anker-Effekts. Deshalb griff er zu dem Trick, vor dem Plädoyer des Staatsanwalts den ersten Anker zu setzen, indem er eine »Freiheitsstrafe von unter einem Jahr« ins Gespräch brachte, die angeblich bei zwei vergleichbaren Fällen in München und Frankfurt seitens des Gerichts ausgesprochen wurde. Hiermit versuchte er, einen Anker in meinem Kopf zu setzen. Nach der Verkündung des Urteils – es kam eine Freiheitsstrafe von zwei Jahren heraus, die nicht mehr mit der Berufung angegriffen wurde – bedankte ich mich bei dem Verteidiger für die angenehme Verhandlung und fragte ihn offen: »Sagt Ihnen der Begriff Anker-Effekt etwas?« Er schmunzelte und erwiderte: »Ja. Und Ihnen offensichtlich auch.«

Wie entgeht man dem Anker-Effekt? Zunächst müssen Sie sich bewusst machen, dass er allgegenwärtig ist. Wann immer Sie eine Schätzung vornehmen müssen, sucht Ihr Gehirn nach einem Anker. Dem Anker-Effekt zu entgehen ist daher nicht leicht. Eine Möglichkeit besteht darin, bewusst das kühle System zu aktivieren, sobald der Anker entdeckt worden ist. Dies setzt allerdings voraus, dass der Anker nicht ganz geschickt und sehr subtil gesetzt wurde. Erfolg versprechender ist es darum, den Anker als Erster zu werfen.

Typisch für die Anker-Falle ist es, dass eine andere Person als der Entscheider den Anker setzt, etwa durch die Nennung eines bestimmten Kaufpreises oder durch die Angabe einer bestimmten Strafhöhe seitens des Verteidigers. Einen entscheidenden Vorteil haben Sie daher, wenn Sie den Anker selbst und als Erster werfen.

Informieren Sie sich im Vorfeld einer Entscheidung, an welcher Stelle ein Anker am besten gesetzt werden sollte. Wenn Sie zum Beispiel ein gebrauchtes Auto erwerben möchten, dann informieren Sie sich zunächst im Internet oder bei einem vertrauenswürdigen Fachmann über die Preisspanne für das von Ihnen bevorzugte Modell und notieren Sie diesen Wert. Hierdurch setzen Sie bereits für Ihr heißes System einen Anker, also einen Bezugspunkt, auf den es zurückgreifen kann. Wenn es schließlich zu einer Preisverhandlung kommt, setzen Sie als Erster einen Anker, indem Sie diesen Wert als Ihr maximales Budget nennen, das Sie für das Fahrzeug auszugeben bereit sind. Verhandlungstaktisch ist es sinnvoll, einen Wert zu setzen, der unterhalb des ermittelten Wertes liegt, damit für eine Verhandlung noch etwas Spielraum bleibt. Sie entgehen dem Anker-Effekt, indem Sie die Rolle des Kapitäns übernehmen und selbst bestimmen, wann und wo der Anker geworfen wird. Ahoi!

Die Strategie des Richters

Entscheider wissen, dass der Anker-Effekt allgegenwärtig ist und von entscheidendem Vorteil für denjenigen sein kann, der ihn zuerst setzt. Darum setzen sie frühzeitig einen eigenen Anker, stärken hierdurch ihre Verhandlungsposition und vermeiden zugleich, dass sie einem fremden Anker erliegen.

Training für Entscheider

Verbessern Sie heute Ihre Fähigkeit, den Anker-Effekt zu identifizieren.

- Wann haben Sie zuletzt einen Gegenstand erworben, dessen Preis üblicherweise ausgehandelt wird, etwa ein Auto oder eine Küche?
- Hat der Verkäufer zunächst mehrere Angebote gemacht und hierdurch die Gelegenheit gehabt, einen Anker zu setzen?
- Hat der Verkäufer »ganz nebenbei« auch auf sehr hochpreisige Angebote hingewiesen, die für Sie ohnehin nicht in Betracht kamen, und hierdurch einen Anker setzen können?
- Waren mehrere Angebote dabei, die Ihr maximales Budget deutlich überschritten haben?
- Waren Sie erleichtert, als der Verkäufer schließlich ein vermeintlich niedrigeres Angebot abgab, obwohl dieses letztlich höher war, als Sie ursprünglich erwartet haben?

Nr. 4: Ich hab's kommen sehen!

Lesen Sie häufig Börsenberichte? Falls nicht, sollten Sie das einmal tun. Es ist herrlich anzuschauen, wie sich sogenannte Experten am Abend über den Kursverlauf des vorangegangenen Tages äußern und erklären, der Dax habe sich an diesem Tag nur so entwickeln können. Richtig peinlich wird es für die meisten Experten allerdings erst dann, wenn sie sich als Hobby-Propheten beweisen wollen und gleich noch den Kursverlauf des nächsten Tages vorhersagen. In der Hälfte der Fälle liegen sie mit ihrer Prognose daneben. Ebenso gut hätten sie eine Münze werfen können. Interessanterweise glauben viele Experten, dass ihre Prognose recht genau gewesen ist, und vergessen anscheinend die abweichende Vorhersage, die sie getroffen haben. Dieses Phänomen nennt man Rückschaufehler.

Der Rückschaufehler lässt uns glauben, dass wir ausgezeichnete Vorhersagen treffen können. Das macht uns arrogant und verleitet uns zu falschen Entscheidungen.[57] Als Erster hat der US-amerikanische Psychologe Baruch Fischoff den Rückschaufehler im Jahr 1972 in einem Experiment nachgewiesen. Anlässlich des historischen Besuchs von US-Präsident Richard Nixon in China führte er zwei Umfragen durch: eine *vor* und eine *nach* dem Besuch des Präsidenten. Die Teilnehmer des Experiments sollten 15 möglichen Folgen des bevorstehenden Besuchs jeweils eine bestimmte Wahrscheinlichkeit zuordnen. Nach dem Besuch wurden dieselben Teilnehmer gebeten, sich an die von ihnen den einzelnen 15 möglichen Folgen zugewiesenen Wahrscheinlichkeiten zu erinnern. Für wie wahrscheinlich hatten sie es zum Beispiel gehalten, dass die Vereinigten Staaten nunmehr China diplomatisch anerkennen oder dass sich die beiden Staatsoberhäupter persönlich treffen würden? War eine entsprechende mögliche Folge auch tatsächlich eingetreten, so überschätzten die Teilnehmer den Wert, den sie im Vorhinein der Wahrscheinlichkeit zugeordnet hatten. Umgekehrt unterschätzten sie den Wert, den sie der Wahrscheinlichkeit einer möglichen Folge beigemessen hatten, wenn diese Folge auch tatsächlich nicht eingetreten war.

Unser Gehirn neigt dazu, Erinnerungen zu überarbeiten und dem wirklichen Geschehen anzupassen. Das ist ein unbewusster

Vorgang. Schon vor Jahrtausenden waren unsere Vorfahren auf ein geordnetes Denken angewiesen, um sich in der Welt zurechtzufinden.[58] Wurde aus einem Fehler gelernt, wurden die falschen Möglichkeiten aus dem Gedächtnis gelöscht, damit sie nicht mehr als Option zur Verfügung standen. Dadurch konnte in vielen lebensbedrohlichen Situationen die zeitliche Verzögerung vermieden werden, die durch eine Wahl zwischen mehreren Optionen entstanden wäre – eine Fähigkeit, die unserem heißen System zugeordnet werden kann. Für unsere Vorfahren war sie von Vorteil. Der damit untrennbar verbundene Rückschaufehler ist jedoch die gefährliche Kehrseite der Medaille.

Der Rückschaufehler lässt uns nicht nur glauben, dass wir prophetische Fähigkeiten haben, sondern lässt die Beobachter eine Entscheidung allein nach dem Ergebnis beurteilen.[59] Hierdurch werden Entscheidungen, die unbedacht und mit unnötigem Risiko eingegangen wurden, als positiv beurteilt, wenn auch das Ergebnis positiv war, hingegen werden sorgfältig abgewogene Entscheidungen als negativ beurteilt, nur weil das Ergebnis negativ war. Diese Problematik wurde bereits im ersten Teil dieses Buches bei der Frage erörtert, was eine gute Entscheidung ausmacht.

Um dem Rückschaufehler und damit dem Glauben, hellsehen zu können, zu entgehen, hilft ein Tipp von Rolf Dobelli: Führen Sie ein Tagebuch![60] Wenn Sie Ihre persönlichen Vorhersagen zu Börsenentwicklungen, Sportereignissen, politischen Wahlen oder Pandemien schriftlich fixieren und im Nachhinein überprüfen können, werden Sie sehr schnell von dem Eindruck, ein prophetisches Talent zu besitzen, kuriert. Und falls sich herausstellen sollte, dass Sie tatsächlich richtige Vorhersagen treffen können, rufen Sie mich an! Für einen Börsentipp oder die Lottozahlen wäre ich dankbar ...

Die Strategie des Richters

Entscheider wissen, dass der Rückschaufehler zwei gefährliche Wirkungen hat. Erstens lässt er eine Entscheidung allein nach dem Ergebnis beurteilen. Zweitens verursacht er den Irrglauben, man könne hellsehen.

Training für Entscheider

Widmen Sie Ihre Aufmerksamkeit dem Rückschaufehler.

- Durchsuchen Sie die Tagespresse auf fünf zukünftige Ereignisse (Wahlen, Börsenverläufe, Fußballergebnisse usw.), die mindestens eine und längstens zwei Wochen in der Zukunft liegen.
- Geben Sie eine präzise Einschätzung zu dem Ausgang dieser Ereignisse ab (wer wird die Wahl/das Fußballspiel gewinnen, wie entwickelt sich der Dax in der nächsten Woche usw.).
- Fixieren Sie diese Einschätzung schriftlich.
- Bewerten Sie nach dem Eintritt der Ereignisse, ob Sie deren Ausgang zutreffend vorhergesagt haben, und fixieren Sie auch diese Einschätzung schriftlich.
- Prüfen Sie abschließend, ob Ihre ursprüngliche Einschätzung zutreffend war.

Nr. 5: Mein Eigen, mein Schatzzz!

Sind wir nicht alle ein bisschen wie Gollum, die tragische Figur aus J. R. R. Tolkiens *Der Herr der Ringe*? Es liegt in der Natur des Menschen, den Dingen, die in seinem Besitz stehen, einen höheren Wert beizumessen, eben weil sie in seinem Besitz stehen. Das nennt man den Gollum-Effekt ... Nein, Spaß beiseite, es ist der »Endowment-Effect« oder der Besitztumseffekt.

Geprägt hat diesen Begriff der US-amerikanische Wirtschaftswissenschaftler Richard H. Thaler. Er beobachtete einen Professor, der Wein sammelte. Obwohl er nie mehr als damals 35 Dollar für eine Flasche Wein auf einer Auktion bezahlte, war er nicht bereit, eine dieser Flaschen für einen Preis von unter 100 Dollar zu verkaufen. Wie lässt sich dieses wenig ökonomische Verhalten erklären?

Die in unserem heißen System verwurzelte Verlustaversion haben Sie bereits kennengelernt. Wir neigen dazu, einen Verlust höher zu bewerten als einen gleich hohen Gewinn. Auf das obige Beispiel bezogen bedeutet es, der Verlust der Flasche Wein ist für den sammelnden Professor (subjektiv) schmerzhafter als der Gewinn, den er bei einem Verkauf der Flasche zu einem Preis von bis zu 100 Dollar (objektiv) erzielen würde. Ein entsprechendes Verhalten lässt sich häufig beobachten, insbesondere auf dem Immobilienmarkt. Hauseigentümer wollen ihr Haus zu einem viel höheren Preis verkaufen, als es objektiv wert ist. Auch hier ist der Gewinn des – objektiv angemessenen – Kaufpreises nicht in der Lage, den subjektiven Verlust des Eigenheims zu kompensieren.

Der Besitztumseffekt tritt, bereits kurze Zeit, nachdem wir einen Gegenstand zu unserem Besitz zählen, ein. In dem klassischen Experiment von Jack Knetsch bat dieser, einen Fragebogen mit einfachen Fragen auszufüllen, und belohnte den Teilnehmer mit einem Geschenk, entweder einem Stift oder einem Riegel Schweizer Schokolade. Die Geschenke waren etwa gleichwertig. Wenn die Teilnehmer das Geschenk frei wählen durften, entschied sich etwa die eine Hälfte für den Stift und die andere Hälfte für die Schokolade. Wenn jedoch die Geschenke durch Jack Knetsch zugeteilt wurden, machte nur einer von zehn Teilnehmern von der angebotenen Möglichkeit zum Tausch Gebrauch. Knetsch hatte das Geschenk ausgesucht und für die Dauer des Experiments sichtbar vor die Teilnehmer gelegt. Bereits hierdurch hatten diese den jeweiligen Gegenstand gedanklich ihrem persönlichen Besitz zugeordnet. Hierdurch kam es bei der anschließend angebotenen Tauschmöglichkeit zum Besitztumseffekt.

Allerdings tritt dieser Effekt nur dann auf, wenn Gegenstände betroffen sind, die wir nicht von vornherein zum Eintausch bereitgehalten haben. Deshalb schmerzt es uns nicht, wenn wir Geld wechseln, etwa einen Fünf-Euro-Schein gegen fünf Ein-Euro-Münzen eintauschen oder damit eine Pizza kaufen. Ebenso kann der Bäcker, der Ihnen zehn Brötchen verkauft, den Verlust der zehn Brötchen verschmerzen, wenn ihm der entsprechende Kaufpreis übergeben wird.

Der Besitztumseffekt ist übrigens der höchstrichterlichen Rechtsprechung nicht unbekannt. Der Bundesgerichtshof hat eine Rechtsprechung entwickelt, derzufolge der Geschädigte bei einem Unfall, bei dem sein Fahrzeug beschädigt wurde, das Fahrzeug auch dann reparieren lassen darf, wenn es erheblich teurer ist, als einen Ersatzwagen anzuschaffen. Es gilt insoweit die 130-Prozent-Grenze. Nehmen wir an, ein Auto ist nach einem

Unfall so sehr beschädigt, dass seine Reparatur 13 000 Euro kosten würde, die Anschaffung eines gleichwertigen Ersatzwagens aber nur 10 000 Euro. Dann darf der Geschädigte nach der geltenden Rechtsprechung des Bundesgerichtshofs sein Auto reparieren lassen und die Reparaturkosten von dem Schädiger verlangen, obwohl dies ökonomisch betrachtet unsinnig ist.

Wie lässt sich der im Alltag oftmals sehr einschränkende Besitztumseffekt überwinden? Möchten Sie einen Gegenstand verkaufen, dann sollten Sie ihn gedanklich aus Ihrem Besitz bewusst ausklammern. In dem Moment, in dem Sie den Kaufentschluss treffen, müssen Sie sich bewusst machen: Das ist jetzt kein Gegenstand mehr, den Sie besitzen wollen. Sie haben ihn nur noch zum Tausch gegen etwas, das Sie unbedingt haben möchten. Bereits dieser gedankliche und bewusst ausgeführte Schritt kann den Effekt erheblich verringern und sogar gänzlich ausschalten.

Hätte Gollum den einen Ring bewusst nur zum Tausch bereitgehalten, hätte er sich über den Verlust an Bilbo Beutlin vielleicht ein wenig geärgert, wäre aber kaum so besessen gewesen, dem Ring in die Feuer des Schicksalsbergs hinterherzuspringen und elendiglich in der glühenden Lava umzukommen. Ich sage nur: typischer Besitztumseffekt ...

Nr. 6: Getroffen und versenkt!

Bonn, Kino am Rathausplatz, vor 19 Jahren

»Und was sehen wir uns jetzt an?«, will ich wissen. »Das wissen wir doch nicht!«, erklärt meine Freundin. »Das ist eine Sneak-Preview.

Da wird irgendein Film gezeigt, von dem der Zuschauer nicht weiß, welcher es ist.« – »Ja, letztes Mal hatte ich Pech«, erklärt Astrid, mit der wir heute Abend verabredet sind, »da kam ein Film mit Jason Statham, Der Transporter. *So ein Actionfilm.« – »Na, dann los!«, sage ich und hoffe insgeheim, dass ich heute Abend auch so viel »Pech« habe. Actionfilme mit Jason Statham liebe ich. Doch schon 15 Minuten später wird mir klar, dass ich leider Glück habe. Sogar großes Glück. Eine Mischung zwischen Kunstfilm und subtiler Komödie. Ich kann mein Glück kaum in Worte fassen. Deshalb schleiche ich mich langsam aus dem Saal. Der Abend ist schön, ich hole mir ein großes Eis und gehe eine Stunde am Rhein spazieren. Dann hole ich meine Freundin vom Kino ab. »Der Film war furchtbar!«, sagt sie. »Ich habe mich selten so gelangweilt!« Astrid stimmt ihr zu. »Warum seid ihr beiden dann nicht mit mir mitgekommen?«, will ich wissen. »Wir haben doch den Eintritt bezahlt! Dann wäre das Geld ja verloren gewesen.« Astrid nickt zustimmend.*

Wie oft haben Sie schon einen Kinofilm weitergesehen oder ein Theaterstück, obwohl Sie gelangweilt waren? Wie oft im Restaurant ein Gericht weitergegessen, obwohl es Ihnen nicht geschmeckt hat? Und – jetzt wird es fies – wie oft schon Zeit, Geld und Mühe in eine Beziehung investiert, die längst zerbrochen war?

Das Geld, das Sie für den Kinobesuch, das Abendessen und die Theaterkarte oder was auch immer ausgegeben haben, ist verloren. Es kommt nicht dadurch wieder zurück, dass sie den langweiligen Film bis zum Ende anschauen, das Essen hinunterwürgen oder sich von den Theaterschauspielern quälen lassen. Sie sind einem weitverbreiteten Denkfehler erlegen, der »Sunk-Cost-Fallacy«. Ursache ist erneut die Verlustangst unseres heißen

Systems. Es befürchtet, das Geld, das für das Essen, die Theaterkarte oder den Kinobesuch ausgegeben wurde, zu verlieren, obwohl der Verlust objektiv betrachtet bereits eingetreten ist. Lediglich der für das Geld erhaltene Gegenwert – Essen, Kinoticket oder Theaterkarte – ist noch vorhanden. Dieser wird jedoch durch die Assoziationsfähigkeit unseres heißen Systems mit dem dafür ausgegebenen Geld gleichgesetzt. Deshalb schmerzt die Vorstellung des Verlustes von Essen, Kino- oder Theaterbesuch ebenso wie der Verlust des Geldes – ja sogar noch mehr als dieser! Denn wie Sie aufgrund der Erkenntnisse aus dem erläuterten Besitztumseffekt wissen, wird Geld, das bewusst zum Tausch bereitgehalten wird, weniger zum Besitz gezählt, sodass der Verlust des Geldes tatsächlich weniger schmerzhaft sein kann als beispielsweise der des hierfür erworbenen Essens.

Der US-amerikanische Psychologe Richard E. Nisbett schlägt ein Gedankenexperiment vor, um der »Sunk-Cost-Fallacy« zu entgehen:[61] Nehmen Sie an, Sie hätten das Kinoticket, die Theaterkarte oder das Essen im Restaurant nicht gekauft, sondern geschenkt bekommen. Würden Sie dann den Film oder das Theaterstück weiter anschauen bzw. das Essen weiter verspeisen? Falls die Antwort Ja lautet, dann weiterhin viel Vergnügen. Falls die Antwort lautet »auf keinen Fall«, dann verlassen Sie schleunigst das Kino, das Theater oder das Restaurant!

Sollte dieses Gedankenexperiment allein noch nicht ausreichen, so ergänzen Sie es um die Strategie, die Sie für den Besitztumseffekt bereits gelernt haben: Sortieren Sie gedanklich den Kino- oder Theaterbesuch bzw. das Essen aus Ihrem Besitz aus und behandeln Sie es als ein Tauschmittel. Zu weit hergeholt? Nein, ist es nicht, es sind tatsächlich Tauschmittel. Entweder zum Tausch gegen kostbare Freizeit oder die Möglichkeit, etwas Leckeres in einem anderen Restaurant oder daheim zu genießen.

Die Strategie des Richters

Entscheider wissen, dass investierte Zeit, Geld und Mühe in dem Moment der Investition unwiederbringlich verloren sind. Ob der hierfür erlangte Gegenwert tatsächlich wertvoll oder wertlos ist, ändert an diesem Umstand nichts. Der Verlust kann daher nicht ausgeglichen werden, indem man in den Gegenwert weiter Zeit, Geld und Mühe investiert.

Training für Entscheider

Überprüfen Sie, ob die »Sunk-Cost-Fallacy« Ihr Entscheidungsverhalten beeinflusst.

- Sehen Sie sich regelmäßig auch dann einen Kinofilm, ein Theaterstück oder ein Konzert bis zum Ende an, wenn Sie keinen Gefallen daran finden?
- Essen Sie tapfer ein Gericht im Restaurant auch dann auf, wenn es Ihnen nicht schmeckt?
- Investieren Sie weiter Geld und Mühe in ein Projekt, obwohl es keinen Vorteil erbringt?

Nr. 7: Zurück in die Zukunft?

Was möchten Sie lieber, 100 Euro jetzt oder garantiert 120 Euro in einem Monat? Betrachten wir das Ganze rational: Wenn Sie anstelle von 100 Euro in einem Monat 120 Euro bekommen, dann ist das eine Rendite von 20 Prozent in einem Monat! Allein der Gedanke an einen solch hohen Zinssatz würde beim Chef bzw. bei der Chefin der Europäischen Zentralbank einen sofortigen Herzstillstand verursachen. Warum also sollten Sie 100 Euro jetzt wählen, wenn Sie in einem Monat 120 Euro garantiert erhalten würden? Tatsächlich entscheiden sich die meisten Menschen jedoch für 100 Euro sofort.[62] Läuft in unserem Gehirn irgendetwas nicht normal? Ich kann Sie beruhigen, es läuft alles völlig normal, nämlich genau so, wie es immer schon lief, schon vor 200 000 Jahren. Während des größten Teils unserer Evolution spielte es so gut wie keine Rolle, langfristig zu planen. Zu sehr war unser kurzes Leben beherrscht von gegenwärtigen Schwierigkeiten: Hunger, Durst, Kälte, gefährliche Tiere. Anstrengung und Zeit in eine ungewisse Zukunft zu investieren, bot kaum einen spürbaren Vorteil. Und genau den Aufgaben und Anforderungen dieser Umwelt entsprechend passte sich unser Gehirn an. Die in dieser Zeit entwickelten Teile des Gehirns – unter anderem das entwicklungsgeschichtlich alte limbische System, das an der Verarbeitung von Gefühlen mitwirkt und Teil unseres heißen Systems ist – werden durch eine unmittelbare Belohnung deutlich stärker aktiviert. Deshalb entscheiden sich die meisten Menschen dafür, jetzt die 100 Euro zu nehmen und nicht auf die 120 Euro in einem Monat zu warten. Stellt man sie jedoch vor die Wahl, in zwölf Monaten 100 Euro zu bekommen oder in 13 Monaten 120 Euro, so wählt die Mehrzahl der Menschen tatsächlich die 120 Euro, ist also bereit, einen weiteren Monat zu warten. Hier fehlt es an der Aktivierung des heißen Systems durch eine sofortige Belohnung. Ob eine Belohnung in zwölf oder in 13 Monaten erfolgt, spielt offenbar keine Rolle, da die Zeitspanne jedenfalls zu groß ist, um das heiße System entsprechend zu reizen.[63]

Die Aufgaben und Anforderungen unserer modernen Welt sind zunehmend auf eine – mitunter weit entfernte – Zukunft gerichtet. Wir werden immer älter, Hunger und Durst spielen in unserer westlichen Welt kaum eine Rolle, ebenso wenig Kälte oder gefährliche Tiere. Die größten Bedrohungen erwarten uns erst in der Zukunft, Überbevölkerung, Ressourcenknappheit, Hungersnöte und eine zerstörte Umwelt. Und seit einigen Jahren ist das Problem »Altersarmut« kaum noch aus der Tagespresse wegzudenken. Gleichwohl tendieren wir – aufgrund unserer hierfür noch nicht ausreichend entwickelten Entscheidungssysteme – weiterhin zu Entscheidungen, die unsere Zukunft außer Betracht lassen. Deshalb freuen wir uns auch über einen niedrigen Zinssatz, der uns durch billige Kredite erlaubt, im Hier und Jetzt glücklich zu sein, und uns die katastrophalen Auswirkungen eines solchen Verhaltens für die Zukunft vergessen lässt. Wenn niemand mehr etwas für die Zukunft zurücklegt, weil er hierfür aufgrund der Niedrigzins- und Nullzinspolitik keinen Anreiz mehr sehen kann, ist auch in der Zukunft nichts mehr da, wovon er – und seine Nachkommen – leben können. Wir leben gegenwärtig wirtschaftlich ähnlich kurzsichtig wie unsere Vorfahren.

Dieses Verhältnis unseres Gehirns zur Zeit ist auch ein Grund dafür, dass wir unter einem Jetlag leiden: Unser Gehirn ist nicht dafür angelegt, den Tag-Nacht-Rhythmus innerhalb weniger Stunden zu verändern. Warum sollte es auch? Bis vor wenigen Jahrzehnten dauerte eine Reise über die Zeitgrenzen so lange, dass die innere Uhr unseres Gehirns ausreichend Gelegenheit hatte, sich anzupassen.

Die Strategie des Richters

Entscheider sind sich bewusst, dass unser Gehirn nicht gebaut wurde, um weit in die Zukunft hinaus zu planen. Deshalb spricht es auf sofortige Belohnungen stärker an als auf zukünftige.

Training für Entscheider

Üben Sie heute, den Einfluss Ihres Belohnungssystems auf Ihre Entscheidungen zu vermindern. Aktivieren Sie bewusst Ihr kühles System, indem Sie sich vor Ihren Entscheidungen die folgenden Fragen stellen:

- Würde ich auch so entscheiden, wenn die Vorteile nicht schon sehr bald, sondern erst in einem Jahr eintreten würden?
- Wie werde ich mich mit meiner Entscheidung in einer Stunde, einem Tag, einer Woche, einem Monat, einem Jahr fühlen?

Nr. 8: Die Mehrheit hat immer recht!

»Der weiße Wagen hatte Grün! Da bin ich mir ganz sicher!« Die Zeugin machte einen absolut glaubwürdigen und selbstsicheren Eindruck. Sie hatte auch keinerlei Grund zu lügen. Rein zufällig war

sie Zeugin eines Verkehrsunfalls geworden, als sie auf der gegenüberliegenden Straßenseite auf einen Bus wartete. Keinen der beiden Fahrer kannte sie persönlich. »Sind Sie sich wirklich sicher?«, fragte ich und blätterte in der Strafakte, die vor mir auf dem Richtertisch lag. »Der Polizeibeamtin haben Sie am Unfallort noch gesagt, der schwarze Mercedes sei bei Grün in die Kreuzung gefahren.« – »Ja, das kann schon sein. Aber mit dabei waren doch auch mein Mann und meine beiden Töchter. Die drei waren sich absolut sicher, dass der weiße Wagen bei Grün gefahren ist. Ich muss mich damals geirrt haben.« Die Dame war völlig überzeugt. Und es gab überhaupt keinen Grund, um an ihren Worten zu zweifeln. Fast keinen. Nur die Videoaufnahme eines nachfolgenden Fahrzeugs, auf der eindeutig zu sehen war: Der schwarze Mercedes hatte Grün.

Der polnisch-amerikanische Gestaltpsychologe und Pionier der Sozialpsychologie Solomon Asch führte 1951 einen bahnbrechenden Versuch durch, der als Konformitätsexperiment bekannt wurde. Asch fertigte mehrere Kartenpaare an: Auf die erste Karte zeichnete er eine Linie und auf eine zweite Karte drei unterschiedlich lange Linien, von denen eine dieselbe Länge hatte wie die Linie auf der ersten Karte. Dann zeigte er zunächst einzelnen Versuchspersonen diese Kartenpaare. Hierbei waren 99 Prozent der Versuchspersonen in der Lage, die jeweils gleich langen Linien auf den jeweiligen Karten zu identifizieren. Dann wurde das eigentliche Experiment durchgeführt: Die Versuchsperson wurde in einen Raum geführt, in dem sich bereits sechs weitere vermeintliche Versuchspersonen befanden – tatsächlich handelte es sich bei diesen Personen um eingeweihte Schauspieler. Nun sollten die anwesenden Personen der Reihe nach angeben, welche Linien sich in der Länge gleichen. Bei den ersten Kartenpaaren machten die Schauspieler – wie vorab angewiesen – eine richtige Angabe, und auch die Versuchsperson erkannte die jeweils gleich langen Linien. Ab dem fünften Kartenpaar wählten die Schauspieler einstimmig stets dieselbe falsche Linie aus und behaupteten, diese entspreche der Linie auf der anderen Karte. Je öfter die Schauspieler auf diese Weise ein Kartenpaar beurteilten, desto schwerer fiel es der Versuchsperson, die richtige Antwort zu geben. Insgesamt gelang es nur jeder vierten Versuchsperson, sich nicht auf diese Weise beeinflussen zu lassen, drei Viertel der Versuchspersonen schlossen sich in mindestens einem Fall der falsch antwortenden Mehrheit an. Durchschnittlich war jetzt jede dritte Antwort der Versuchspersonen falsch.

Das Experiment wurde seit 1951 oft wiederholt, in verschiedenen Ländern weltweit – immer mit gleichem Ergebnis. Die meisten Versuchspersonen schloss sich früher oder später der Entscheidung der Mehrheit an. Dieses Phänomen wird häufig als Gruppenzwang oder Gruppendruck bezeichnet. Zu Unrecht, wie ich finde. Denn diese Begriffe suggerieren, dass die Gruppe tatsächlich aktiv einen gewissen Druck oder Zwang auf den Einzelnen ausübt, etwa durch Zureden (*»Schließ dich uns an!«*) oder Bloßstellen (*»Du willst doch nicht wie ein Idiot dastehen, oder?«*). Dies ist jedoch nicht der Fall. Im Gegenteil, die Schauspieler waren bei dem Experiment von Solomon Asch angewiesen worden, sich bewusst freundlich und passiv zu verhalten. Und an diese Vorgabe hielten sie sich auch gewissenhaft. Daher sollte meines Erachtens nicht von Gruppendruck, sondern besser von einer Gruppenanpassung gesprochen werden.

Erstaunlich ist, dass die Anpassung an die Mehrheitsmeinung unabhängig vom kulturellen oder sozialen Hintergrund der Versuchsperson und offensichtlich unbewusst erfolgt. Es handelt sich um eine weitere Grundeinstellung unseres Gehirns. So entdeckte der Neurowissenschaftler Gregory Berns mithilfe der funktionellen Magnetresonanztomografie, dass das Gehirn während der Anpassung kaum im Frontallappen aktiv ist, wo der Sitz der individuellen Persönlichkeit des Menschen vermutet wird. Der Hirnforscher Vasily Klucharev konnte darüber hinaus feststellen, dass das Belohnungssystem des Gehirns aktiv wurde, wenn sich die Versuchsperson der Mehrheitsmeinung anschloss, während eine Region im Frontallappen der Versuchsperson signalisierte, einen Fehler gemacht zu haben, wenn die eigene Meinung der Mehrheitsmeinung widersprach.[64]

Diese von der Evolution entwickelte Grundeinstellung des menschlichen Gehirns, sich der Mehrheitsmeinung anzuschließen, war während des Großteils der Geschichte der Menschheit überlebenswichtig. Der einzelne Mensch war für Hunderttausende von Jahren zwingend auf eine Gruppe angewiesen. Die Wahrscheinlichkeit, den Gefahren der Natur, insbesondere wilden Tieren, aber auch Kälte und Hunger, allein widerstehen zu können, war verschwindend gering. Deshalb war derjenige, der sich gegen die Gruppe stellte und ausgestoßen wurde, in der Regel verloren. Eine Ächtung kam einem Todesurteil gleich. Diese Grundeinstellung unseres Gehirns beeinflusst unser Denken und insbesondere unsere Entscheidungen bis heute, obwohl in den meisten Gesellschaften der heutigen Zeit kaum mehr die Gefahr besteht, zu Tode zu kommen, wenn man sich nicht dem Mainstream anschließt.

Da jedoch die Grundeinstellung des Gehirns auf Anpassung an die Mehrheit, auf Konformität, gerichtet ist, ist es nachvollziehbar, dass es einer Menge Willenskraft bedarf, um dem zu widerstehen. Denn wenn wir eine von der Gruppe abweichende Meinung haben, suggeriert uns unser Unterbewusstsein zunächst: *»Das ist falsch! Du musst dich der Mehrheit anschließen, sonst bist du verloren.«* Dies gilt umso mehr, je weniger objektive Anhaltspunkte wir dafür haben, dass unsere Meinung nicht falsch ist. Nicht immer sind wir in der glücklichen Lage, die Richtigkeit unserer Entscheidung so einfach prüfen zu können wie etwa in dem Experiment von Solomon Asch, indem wir ein Maßband zu Hilfe nehmen. Und nicht immer hat man vor Gericht das Glück, dass der Verkehrsunfall zufällig durch eine Kamera aufgezeichnet worden ist. In den meisten Fällen ist die Richtigkeit einer Entscheidung objektiv nur schwer überprüfbar. Dies gilt insbesondere dann, wenn es etwa um unterschiedliche politische Meinungen, Mode oder Kapitalanlagen geht, für die jeweils sehr gute Argumente sprechen.

Die Zeugin in dem oben geschilderten Fall war zum Zeitpunkt ihrer Aussage vor Gericht fest davon überzeugt, dass der weiße Wagen bei Grün in die Kreuzung eingefahren war. Ihr Gehirn hatte ihre Erinnerung an die Erinnerung der Mehrheit ihrer sozialen Gruppe, sprich: ihrer Familie, angepasst. Eine derartige Anpassung bedarf weniger Willenskraft, als die von der Erinnerung der Mehrheit der sozialen Gruppe abweichende Erinnerung aufrechtzuerhalten.

Befinden wir uns in einer Situation, in der wir eine andere Auffassung vertreten als die Mehrheit, müssen wir uns zunächst bewusst machen, dass dies einer Grundeinstellung unseres Gehirns widerspricht und allein deshalb Zweifel an der Richtigkeit unserer Auffassung in uns selbst laut werden können.

Darüber hinaus benötigen wir ausreichend Willenskraft, um uns gegen unser Unterbewusstsein zu stellen. Sämtliche Regeln zu der kostbaren Ressource Willenskraft haben Sie bereits kennengelernt. Sie sind hier von besonderer Wichtigkeit.

Das Zusammenspiel von Gruppe und Einzelnem ist nicht nur relevant, sofern es darum geht, typische Entscheidungsfehler zu vermeiden. Vielmehr wirkt es sich auch erheblich aus, wenn eine Entscheidung nicht von einer einzigen Person, sondern von einer Gruppe getroffen werden soll.

Kapitel 14
Der Geschworene Nr. 8

Die Beweisaufnahme ist beendet, der Staatsanwalt und der Verteidiger haben ihre Anträge gestellt. Der junge Angeklagte wartet auf das Urteil. Im Beratungszimmer hinter dem Gerichtssaal herrscht dicke Luft und heiße noch dazu. Es ist der wärmste Tag des Jahres. Der Ventilator ist ausgefallen, das Wasser im Wasserspender lauwarm. Die Abstimmung soll daher schnell erfolgen. Schuldig oder nicht schuldig? In diesem Fall eine ganz einfache Sache. Und deshalb stimmen auch alle für schuldig. Alle bis auf einen. »O Mann! Einer tanzt immer aus der Reihe!«, dem Abweichler schlagen sofort Unverständnis, Ablehnung und Wut entgegen.

So geht es zu in den Beratungszimmern der Gerichte. Zumindest im Beratungszimmer der vom United Artist Studio angemieteten Filmstudios in New York. Die Szene stammt aus einem der großartigsten Gerichtsfilme aller Zeiten: *Die zwölf Geschworenen* (*12 Angry Men*) aus dem Jahr 1957 mit Henry Fonda in der Hauptrolle. Falls Sie den Film bisher nicht gesehen haben, sollten Sie das unbedingt nachholen. Er ist ein Paradebeispiel nicht nur für großartige schauspielerische Leistung, sondern auch für Gruppenverhalten und gruppendynamische Prozesse. Elf Geschworene stimmen für »schuldig«, nur einer der Geschworenen, die Nr. 8, gespielt von Henry Fonda, stimmt für »nicht schuldig«.

Soll eine Entscheidung von einer Gruppe getroffen werden, so besteht immer die Gefahr, dass zwei Grundeinstellungen unseres Gehirns das Ergebnis beeinflussen. Die erste Grundeinstellung haben Sie in dem vorherigen Kapitel kennengelernt. Die von der Mehrheitsmeinung abweichende Auffassung des Einzelnen wird zugunsten der Mehrheitsmeinung aufgegeben und dieser angepasst. Mit dieser Funktionsweise unseres Gehirns korrespondiert eine weitere Grundeinstellung, nämlich ein Abwehrverhalten der Gruppe gegenüber dem Andersdenkenden. Auch diese Grundeinstellung geht auf die Wichtigkeit der Gruppe für das Überleben unserer Vorfahren zurück. Die Stärke der Gruppe war Voraussetzung für das Überleben des Einzelnen. Daher musste es zur obersten Pflicht des Einzelnen gehören, die Gruppe vor einem Zerfall zu schützen. Deshalb wurde jeder Einzelne, der sich gegen die Gruppe stellte, ausgestoßen und als Feind betrachtet, als jemand, der der Gruppe Schaden zufügt. Diese Denkweise ist für das einfache, aber harte Leben, das unsere Vorfahren jahrtausendelang führten, völlig nachvollziehbar. In unserer heutigen komplexen Welt ist diese evolutionär bedingte Grundeinstellung unseres Gehirns in den meisten Fällen gefährlich. Denn erst abweichende Meinungen haben dazu geführt, dass sich der Mensch immer weiter entwickeln konnte. Dass die Erde keine Scheibe, sondern eine Kugel ist, war zunächst nur eine abweichende Meinung. Ebenso, dass es für Ärzte unbedingt erforderlich ist, sich die Hände zu waschen, nachdem sie eine Leiche seziert haben.[65] Und auch, dass sich das Auto gegenüber dem Pferd als Fortbewegungs- und Transportmittel durchsetzen wird.

Wie geht man mit diesen beiden Grundeinstellungen, die für einen Entscheidungsprozess der Gruppe gefährlich sein können, sinnvoll um? Ein erster und wichtiger Schritt ist es, die Mitglieder der Gruppe mit der auf Anpassung ausgerichteten Grundeinstellung des Gehirns vertraut zu machen. Es gibt jedoch noch ein weiteres Erfolg versprechendes Mittel, um zu verhindern, dass sich der Einzelne reflexhaft der Entscheidung der Gruppe anschließt, das bereits seit mehreren Tausend Jahren angewendet wird: die geheime Abstimmung.

Eine geheime Abstimmung kann verhindern, dass sich die Grundeinstellung unseres Gehirns, sich der Mehrheitsentscheidung anzupassen, auswirken kann. Voraussetzung ist allerdings, dass die geheime Abstimmung frühzeitig erfolgt. Sobald unser Gehirn die Meinung der Mehrheit identifizieren kann, besteht die Gefahr, dass es seine abweichende Auffassung aufgibt und sich der Mehrheit anpasst. Die Mehrheitsmeinung lässt sich jedoch nicht erst bei einer Abstimmung erkennen, sondern bereits wenn eine Zeit lang über eine bestimmte Entscheidung beraten wird. Dem kann nur mit einer frühzeitigen geheimen Abstimmung entgegengewirkt werden. Dieses Vorgehen bietet sich nicht nur bei einfachen Ja-oder-Nein-Entscheidungen, sondern auch bei komplexen Entscheidungen an. In diesem Fall kann ebenfalls frühzeitig und geheim ein Entscheidungsvorschlag der einzelnen Mitglieder der zur Entscheidung berufenen Gruppe abgegeben werden.

Tatsächlich mildert die geheime Abstimmung auch die Wirkung der zweiten hier beschriebenen Grundeinstellung unseres Gehirns. Denn dem Abwehrverhalten gegenüber dem Andersdenkenden fehlt ein bestimmtes Ziel. Anders ausgedrückt: Bei einer geheimen Abstimmung kann die abweichende Meinung nicht einer bestimmten Person zugeordnet werden, sodass nicht eine bestimmte Person abgelehnt werden kann.

Schließlich hat eine geheime Abstimmung den weiteren Vorteil, dass der Einzelne nicht befürchten muss, aufgrund seiner abweichenden Auffassung bloßgestellt zu werden. Selbst wenn der Einzelne zu wissen glaubt, dass die Mehrheit anders als er entscheiden wird, ist die Chance größer, dass er an seiner Auffassung festhält, wenn die Abstimmung geheim erfolgt.

Eine entscheidende Rolle kommt hier auch dem Leiter der Gruppe zu. In der Regel hat der Leiter einer Gruppe, unabhängig davon, ob er aus der Gruppe gewählt oder von außen bestimmt wurde, eine besondere Autorität aufgrund seiner Funktion. Infolge des Halo-Effekts wird daher seiner Meinung von anderen Gruppenmitgliedern eine besondere Wichtigkeit beigemessen, wobei es nicht darauf ankommt, ob dies objektiv gerechtfertigt ist. Um eine Diskussion der Gruppe möglichst offen zu gestalten, sollte der Gruppenleiter sich dieses Sachverhalts bewusst sein und mit seiner Meinung zurückhalten, bevor die empfohlene frühzeitige und geheime Abstimmung erfolgt. In meiner Eigenschaft als Vorsitzender des Schöffengerichts ist es mir daher wichtig, zunächst die Meinung der Schöffen zu hören. Dies gilt vor allem dann, wenn die Schöffen in ihrer Tätigkeit als sogenannte Laienrichter noch über wenig Erfahrung verfügen.

Von Zombies lernen

Eine Zombie-Apokalypse hat die Menschheit überrannt. In wenigen Tagen sind weltweit alle Länder von Zombies besiedelt. Nur ein Land hat rechtzeitig reagiert: Israel. Um Jerusalem ist in Windeseile und gerade noch rechtzeitig eine hohe und starke Mauer gebaut worden. »Woher wussten Sie es?«, will der Sonderbeauftragte der UN wissen. »Wir haben einen Funkspruch aus Korea abgefangen«, erklärt der Mitarbeiter des Geheimdienstes, »in diesem Bericht ist das Wort ›Zombie‹ enthalten. Neun meiner Kollegen haben geglaubt, das sei ein Codewort für irgendetwas.« – »Und warum haben Sie das nicht geglaubt«, hakt der Sonderbeauftragte nach. Der Mann vom israelischen Geheimdienst lächelt müde: »Ich war der zehnte Mann.«

Zunächst möchte ich Sie beruhigen: Sie müssen nicht in den nächsten Supermarkt, um sich auf die Zombieapokalypse mit einem Hamsterkauf vorzubereiten, indem Sie Desinfektionsmittel, Mehl und Toilettenpapier erwerben. Nein, auch diese Szene stammt aus einem Kinofilm, nämlich *World War Z* mit Brad Pitt. Solides Popcorn-Kino. Allerdings kann man auch von einem Popcorn-Kinofilm noch etwas lernen.

Ist eine Gruppe vergleichsweise homogen, so kommt es häufig zu einer sogenannten Gruppenpolarisierung. Die Denk- und Entscheidungsweise einer Gruppe spitzt sich immer weiter zu. Frische Ideen und kreative Vorschläge werden immer seltener, Diskussionen dienen überwiegend nur noch dazu, das längst gefasste Urteil zu bestätigen. Umgangssprachlich wird eine derartige Situation als Kuschelkonsens bezeichnet. Die Qualität einer Gruppenentscheidung leidet hierdurch nachweislich.

Für die Entscheidungen einer Gruppe ist es darum besonders wertvoll, wenn abweichende Meinungen, Ideen und Vorschläge geäußert und diskutiert werden. Abweichler und Querdenker bringen neue Informationen in den Entscheidungsprozess der Gruppe ein. Sie sind daher für jede Gruppe wichtig. Aber woher nehmen und nicht stehlen? Wenn eine Gruppe keinen Querdenker hat, sondern alle Gruppenmitglieder sich einig sind, kann man den Querdenker nicht einfach herzaubern, oder doch?

Die Methode des »zehnten Mannes« aus der geschilderten Filmszene versucht, dieser Problematik entgegenzuwirken. Wenn sich bereits neun Mitglieder des Gremiums einig sind, so ist es die Pflicht des zehnten Mannes, genau die Gegenauffassung zu vertreten und gezielt nach Argumenten zu suchen, die diese Gegenauffassung bestätigen. Diesen Gedankengang haben Sie bereits im Rahmen des Halo-Effekts kennengelernt. Es soll bewusst nach Umständen gesucht werden, die das eigene Urteil, in diesem Fall das Urteil der Mehrheit, widerlegen können. Die Methode des »zehnten Mannes« schafft einen systematischen Dissens, der die Gruppe zwingt, sich mit einer abweichenden Meinung auseinanderzusetzen.

Zwar gibt es Untersuchungen, die belegen, dass ein »künstlicher« Querdenker nicht dieselbe positive Wirkung hat wie ein natürlicher Querdenker. Der natürliche Querdenker ist gewöhnlich von seiner Gegenmeinung überzeugt und daher auch überzeugender als eine Person, die – gegen die innere Überzeugung handelnd – den Querdenker »spielen« muss. Gleichwohl erhöht die Methode des künstlichen Querdenkers in jedem Fall die Chance, dass die Gruppe eine umfassendere Diskussion führen und sich mit neuen Ideen, Vorschlägen und Informationen auseinandersetzen muss. Sie sollte daher ein fester Bestandteil auf Dauer angelegter Entscheidungsgremien sein, insbesondere solcher, die sich in ihrer personellen Zusammensetzung nicht oder nur selten ändern.

Entscheider-Wissen II

- Unser Gehirn verfügt über zwei Systeme, die jede Entscheidung gemeinsam, jedoch mit unterschiedlichen Arbeitsanteilen treffen.
- Das heiße System hat hervorragende assoziative Fähigkeiten, neigt jedoch zu übertriebener Angst.
- Das kühle System ist der Herr der Aufmerksamkeit und der Kontrolle, neigt jedoch zu Faulheit.
- Starker Stress aktiviert das heiße System.
- Jeder Mensch hat eine individuelle Verhaltenssignatur, die insbesondere durch persönliche Hotspots geprägt wird, die das heiße System aktivieren und die Entscheidung überwiegend treffen lassen.
- Der Priming-Effekt sorgt dafür, dass eine vorhergehende geistige oder körperliche Erfahrung die Wahrnehmung, das Verhalten und das Denken in einer zeitlich nachfolgenden Situation beeinflusst.
- Intuition ist ein Entscheidungsvorschlag des heißen Systems, der auf seiner Fähigkeit zur schnellen Assoziation beruht.
- Ihrer Intuition sollten Sie nur vertrauen, wenn ausreichende Expertise für die Situation besteht *und* die zeitliche Verzögerung durch eine Prüfung des intuitiven Entscheidungsvorschlags mit dem kühlen System schwere Folgen haben kann.
- Der Halo-Effekt bewirkt, dass wir einem Menschen, den wir hinsichtlich einer für uns wichtigen Eigen-

schaft besonders positiv beurteilen, auch bezüglich anderer unbekannter Eigenschaften positiv beurteilen.

- Das Social-Proof-Phänomen lässt uns Mehrheitsentscheidungen nachahmen, was zu Massenpanik, Börsenblasen und Modehypes führt.
- Der Anker-Effekt lässt uns unangemessene Bezugspunkte für Schätzungen wählen, wenn keine weiteren zur Verfügung stehen.
- Der Rückschaufehler lässt uns glauben, dass wir Vorhersagen treffen können, indem er unsere Erinnerung anpasst.
- Der auf der Verlustaversion des heißen Systems beruhende Endowment-Effekt bewirkt, dass wir einem Gegenstand einen höheren Wert nur deshalb beimessen, weil er sich in unserem Besitz befindet.
- Die Sunk-Cost-Fallacy beruht auf der Verlustangst des heißen Systems und lässt uns glauben, das für einen subjektiv wertlosen Gegenstand bereits ausgegebene Geld sei erst dann verloren, wenn wir den Gegenstand ungenutzt lassen.
- Unser Gehirn spricht auf sofortige Belohnungen stärker an, da es nicht konstruiert wurde, um für die Zukunft zu planen.
- Evolutionär ist das menschliche Gehirn auf Konformität eingestellt, weshalb der Einzelne seine Entscheidung unbewusst der Gruppenmeinung anschließt.
- Die Gruppe lehnt unbewusst eine widersprechende Einzelmeinung ab, weil sie als Gefahr für den Bestand der Gruppe betrachtet wird.

Ein Plädoyer

Dieses Buch hat mit einem Geständnis begonnen und endet mit einem Plädoyer. In den fast 13 Jahren meiner Richtertätigkeit habe ich zwar mehr als 2000 Plädoyers gehört, jedoch nie eines gehalten. Ein Plädoyer ist bekanntlich bei einem Strafverfahren sowohl die zusammenfassende Schlussrede des Staatsanwalts und des Verteidigers als auch ein Entscheidungsvorschlag. Das folgende Plädoyer richtet sich an Sie als Leser dieses Buches.

Obwohl unsere Entscheidungen letztlich der Inbegriff unserer persönlichen Freiheit sind, stehen wir ihnen grundsätzlich alles andere als positiv gegenüber. Der Grund hierfür ist zum einen eine angeborene Grundeinstellung unseres Gehirns. Jede Entscheidung bedeutet den Verlust mindestens einer Option, was unserem Gehirn aufgrund seiner Verlustangst zutiefst missfällt. Diese Grundeinstellung ist entwicklungsgeschichtlich durchaus wertvoll gewesen, denn der Verlust einer Option bedeutete für unsere Vorfahren regelmäßig Hunger oder Durst und hatte nicht selten den Verlust des eigenen Lebens zur Folge. Zum anderen verstärkt unsere Erziehung die angeborene Abneigung gegenüber Entscheidungen. Die Fehlerkultur unserer Gesellschaft lässt uns Entscheidungen aus Angst vor einem Fehler gerne vermeiden.

Der entscheidungsablehnenden Grundeinstellung sowie der entscheidungsvermeidenden Erziehung müssen wir uns bewusst widersetzen, wenn wir Entscheidungen besser treffen wollen. Hilfreich ist es, sich zu verdeutlichen, dass es »die beste« Entscheidung in komplexen Situationen nicht geben kann. Denn das Ergebnis unserer Entscheidungen hängt oftmals von zukünftigen Umständen ab, auf die wir keinen ausreichenden Einfluss haben. Darüber hinaus benötigt der Entscheidungsprozess die wichtige Ressource Willenskraft, die wir trainieren und schützen müssen und nicht für unwichtige Entscheidungen verschwenden dürfen. Schließlich müssen wir für unsere Entscheidungen die volle Verantwortung übernehmen, für die guten ebenso wie für die schlechten Folgen. Nur dann verdienen wir sowohl Selbstachtung als auch den Respekt anderer für unsere Entscheidungen.

Neben diesem Entscheidungswollen können wir unser Entscheidungskönnen entwickeln und verbessern, indem wir verstehen, welche Entscheidungssysteme uns zur Verfügung stehen, welche Stärken und Schwächen diese Systeme haben und wie diese beiden Systeme zusammenarbeiten. Dieses Grundverständnis hilft, die wesentlichen Entscheidungsfehler, die auf dem Zusammenspiel unserer Entscheidungssysteme beruhen, zu begreifen und zu vermeiden.

Mehr Entscheidungen wagen!

Beachten und beherrschen wir diese Grundsätze des Entscheidungsprozesses, können wir jede Entscheidung treffen. Das Einzige, das uns zurückhalten kann, ein Leben mit starken und verantwortungsvollen Entscheidungen zu führen, ist übertriebene Angst. Sie lässt uns unsere Freiheit zugunsten einer – oft nur vermeintlichen – Sicherheit aufgeben. Denn Sicherheit und Freiheit sind Gegensätze. Je sicherer wir sind, desto unfreier leben wir. Und je freier wir leben, desto unsicherer sind wir.

Wir können in nahezu völliger Sicherheit leben. Das sieht dann so aus: Wir erhalten drei Mahlzeiten täglich und genügend Trinkwasser, einen Arzt für Notfälle in unmittelbarer Nähe, die Versorgung mit Wärme, frischer Wäsche und Hygieneartikeln. Unsere Wohnung ist ein Raum, in dem wenige Gegenstände sind, damit wir uns nicht verletzen können. Andere Personen dürfen nicht in diesen Raum, sie könnten uns absichtlich oder unabsichtlich verletzen oder uns mit einer Krankheit anstecken. Wir dürfen das Zimmer nicht verlassen, denn außerhalb sind unendlich viele Möglichkeiten, uns zu verletzen. Unsere Wohnung befindet sich daher in einem sicheren Gebäude mit hohen, dicken Mauern.

Wenn Sie diese Sicherheit suchen, empfehle ich Ihnen eine Einzelhaft in einem Hochsicherheitsgefängnis. Für mich klingt ein solches hochsicheres Leben wie ein Albtraum. Ich möchte in Freiheit leben und meine eigenen Entscheidungen treffen: Was ich esse und trinke, ob und welchen Sport ich treibe, wie ich für mein Alter vorsorge, wo ich lebe und wohne, für wen ich arbeite, welche Zeitungen und Bücher ich lese, welche Fernsehsendungen und Kinofilme ich sehe, ob und an welchen Gott ich glaube – all diese und noch viel mehr Entscheidungen darf und will ich allein treffen. Es ist meine persönliche Freiheit, für die ich jeden Tag dankbar bin. Ich sage: Danke, dass ich entscheiden darf! Im Gegenzug bin ich bereit, auf einen großen Teil Sicherheit zu verzichten.

Natürlich dürfen Sie sich für ein Leben in großer Sicherheit, aber in Unfreiheit und Fremdbestimmung entscheiden. Es ist Ihre Entscheidung. Ich bin jedoch der Auffassung, dass Sie mehr verdient haben. Ein Leben in Freiheit, Selbstbestimmung und

Würde. Ein Leben, in dem Sie Ihre eigenen Entscheidungen treffen.

Entscheiden und entscheiden lassen

Treffen Sie Ihre eigenen Entscheidungen, und lassen Sie andere Menschen ihre eigenen Entscheidungen treffen. Dies gilt für Freunde und Kollegen ebenso wie für Geschwister oder Lebenspartner, aber vor allem für unsere Kinder. Wenn wir unsere Kinder nicht rechtzeitig eigene Entscheidungen treffen lassen, erziehen wir sie zu lebenslanger Unfreiheit, Fremdbestimmung und Abhängigkeit. Kinder müssen ihre eigenen Entscheidungen treffen und – das ist ebenso wichtig – die volle Verantwortung für die Folgen ihrer Entscheidungen übernehmen. Das beginnt bereits, wenn Kinder eine Sportart oder ein Musikinstrument lernen möchten. Diese Entscheidung sollte mit der Maßgabe respektiert werden, dass konsequent für einen bestimmten Zeitraum geübt und nicht bereits nach der zweiten Unterrichtsstunde wieder aufgegeben wird. Ein Kind, das nicht lernt, dass seine Entscheidungen auch Konsequenzen haben, wird nie lernen, verantwortungsvoll zu entscheiden.

Leichter Weg

Der wunderbare Komiker Charlie Chaplin hat gesagt: *»An den Scheidewegen des Lebens stehen keine Wegweiser!«* Das stimmt. Und das ist überhaupt nicht schlimm. Denn Sie brauchen keinen Wegweiser, Sie haben ein eingebautes GPS. Und in diesem

Buch haben Sie gelernt, wie Sie Ihr persönliches GPS perfekt nutzen können. Sie benötigen an den Scheidewegen Ihres Lebens keine Wegweiser, niemanden, der Ihnen sagt, für welchen Weg Sie sich entscheiden müssen. Sie dürfen frei entscheiden. Es gibt keine richtige oder falsche Entscheidung. Es gibt nur Menschen, die eine Entscheidung treffen und ihren Weg weitergehen, und Menschen, die ihr Leben lang vor dem Scheideweg stehen bleiben und darauf hoffen, dass ihnen ein anderer den Weg weist und die Entscheidung für sie trifft.

Ich wünsche Ihnen von Herzen: Treffen Sie Ihre eigenen Entscheidungen!

Danksagung

Es ist eine Sache, eine Entscheidung zu treffen, eine ganz andere ist es, die Entscheidung auch umzusetzen. Erst die tatkräftige Unterstützung vieler großartiger Menschen hat es ermöglicht, den Entschluss, dieses Buch zu schreiben, zu verwirklichen. Mein besonderer Dank gilt Maximilian Eberhard und Andrea Matthes vom riva Verlag sowie meiner Lektorin Dr. Annalisa Viviani, meinen Testlesern Petra Gundlach, Thomas Bullmann und Udo Nottebohm sowie meiner Ehefrau, Freundin und Kollegin Anne Schleif.

Anhang

Test: Entscheider-Wissen

1. Fragen

1. Wie ist die evolutionäre Grundeinstellung unseres Gehirns zu Entscheidungen?
2. Auf welchem Entscheidungsfehler beruht die »Macht des ersten Eindrucks«?
3. Einen schlechten Kinofilm zu Ende zu schauen, damit das Geld nicht verloren ist, ist eine Folge welchen Denk- und Entscheidungsfehlers?
4. Warum hat derjenige einen Vorteil, der bei einer Preisverhandlung das erste Angebot abgibt?
5. Wie bezeichnet man den Effekt, durch den Wahrnehmung, Denken und Verhalten in einer Situation unbewusst durch eine zeitlich frühere Erfahrung beeinflusst werden?
6. Aus welchen Teilen besteht eine Entscheidung? Welcher Teil benötigt die meiste Willenskraft?
7. Was ist der Zeigarnik-Effekt, und wie kann er abgemildert werden?
8. Welche beiden typischen Eigenschaften hat das heiße System?
9. Welche wichtige Ressource kontrolliert das kühle System?
10. Was ist ein sogenannter Hotspot?
11. Worauf beruht ein Bauchgefühl/eine Intuition?

12. Welche Grundeinstellungen des Gehirns beeinflussen in der Regel den Entscheidungsprozess einer Gruppenentscheidung?
13. Wieso kann eine (frühzeitige) geheime Abstimmung der Gefahr einer Verfälschung der Gruppenentscheidung durch evolutionäre Grundeinstellungen des Gehirns entgegenwirken?
14. Was spricht für und was gegen einen künstlich herbeigeführten Dissens durch die Methode des »zehnten Mannes«?

2. Lösung

1. Die Grundeinstellung unseres Gehirns ist entscheidungsfeindlich, da wir den Verlust der nicht ausgewählten Option(en) fürchten.
   Vgl. Teil I, Kapitel 2: *Der Feind in meinem Hirn – angeborene Abneigung*
2. Die Macht des ersten Eindrucks beruht auf dem sogenannten Halo-Effekt. Wenn wir einen Menschen hinsichtlich einer für uns wichtigen Eigenschaft positiv beurteilt haben, gehen wir unbewusst davon aus, dass auch seine anderen Eigenschaften positiv sind.
   Vgl. Teil II, Kapitel 13: *Acht entscheidende Fehler* – Nr. 1: Baby, I can see your halo
3. Einen schlechten Kinofilm zu Ende zu schauen aus der Sorge, dass andernfalls das Geld verloren sei, ist eine Folge der sogenannten Sunk-Cost-Fallacy. Es wird befürchtet, dass das objektiv bereits verlorene Geld erst dann verloren ist, wenn wir den Gegenwert »ungenutzt« lassen.

Vgl. Teil II, Kapitel 13: *Acht entscheidende Fehler* – Nr. 6: Getroffen und versenkt!

4. Aufgrund des Ankereffekts kann es von entscheidendem Vorteil sein, das erste Angebot im Rahmen einer Preisverhandlung abzugeben, um auf diese Weise einen festen Bezugspunkt bei dem Verhandlungspartner zu setzen.
   Vgl. Kapitel 13: *Acht entscheidende Fehler* – Nr. 3: Werft Anker!
5. Die unbewusste Beeinflussung von Denken, Wahrnehmen und Verhalten in einer bestimmten Situation durch eine vorhergehende Erfahrung wird als Priming bezeichnet.
   Vgl. Teil II, Kapitel 11: *It's Primetime!*
6. Eine Entscheidung besteht aus der Vorentscheidung, der Sammlung und Auswertung der Optionen, der Hauptentscheidung, der Auswahl einer Option, und der Nachentscheidung, der Umsetzung der getroffenen Entscheidung. Die meiste Willenskraft benötigt regelmäßig die Hauptentscheidung.
   Vgl. Teil I, Kapitel 6: *Wo ein Wille ist, ist auch ein Weg* – Aller guten Dinge ...
7. Der Zeigarnik-Effekt bewirkt, dass unerledigte Aufgaben sowie aufgeschobene Entscheidungen vom Unbewusstsein immer wieder ins Bewusstsein gerufen werden, damit diese einer Erledigung zugeführt werden. Der Effekt lässt sich erheblich abmildern, wenn die Erledigung der Aufgabe konkret fixiert wird.
   Vgl. Teil I, Kapitel 6: *Wo ein Wille ist, ist auch ein Weg* – Die unbequeme Bank

8. Die beiden typischen Eigenschaften des heißen Systems sind die Fähigkeit zur blitzschnellen Assoziation und die Verlustaversion.
   Vgl. Teil II, Kapitel 9: *Heiß oder kalt? – Zwei Systeme* – Assoziierender Angsthase
9. Das kühle System kontrolliert unsere Aufmerksamkeit. Es kann den Thalamus anweisen, nur bestimmte Informationen in unsere Großhirnrinde vorzulassen, wodurch wir uns fokussieren können.
   Vgl. Teil II, Kapitel 9: *Heiß oder kalt? – Zwei Systeme* – Der faule Kontrolleur
10. Ein Hotspot ist ein individueller Reiz, der Stress von so großer Intensität auslöst, dass das heiße System stark aktiviert wird und eine Entscheidung faktisch allein trifft.
    Vgl. Teil II, Kapitel 10: *Auf der Suche nach dem Hotspot* – Stressig, stressiger, Hotspot
11. Ein Bauchgefühl oder eine Intuition beruhen auf der Fähigkeit des heißen Systems zur blitzschnellen Assoziation.
    Vgl. Teil II, Kapitel 12: *Bauchgefühl, der sechste Sinn oder Intuition?* – Der Experte
12. Das Ergebnis des Entscheidungsprozesses einer Gruppenentscheidung wird regelmäßig durch zwei Grundeinstellungen beeinflusst. Zum einen ist dies die unbewusste Anpassung der Meinung des Einzelnen an die Meinung der Gruppe, zum anderen das Abwehrverhalten der Gruppenmitglieder gegenüber abweichenden Auffassungen Einzelner.
    Vgl. Teil II, Kapitel 14: *Der Geschworene Nr. 8*

13. Eine frühzeitige geheime Abstimmung kann eine unbewusste Anpassung des Einzelnen an die Gruppenauffassung verhindern, da Gruppenmeinung noch nicht identifiziert werden kann. Darüber hinaus kann sie ein unbewusstes Abwehrverhalten der Gruppenmitglieder verhindern, da der Urheber der abweichenden Meinung nicht ausgemacht werden kann.
    Vgl. Teil II, Kapitel 14: *Der Geschworene Nr. 8*
14. Der Vorteil der Verursachung eines künstlichen Dissenses ist, dass die Gruppe gezwungen wird, sich mit einer abweichenden Meinung auseinanderzusetzen und neue Ideen und Informationen zu bewerten. Der Nachteil dieser Methode ist, dass ein »künstlicher« Querdenker in der Regel nicht dieselbe starke Überzeugungskraft hat wie ein natürlicher Querdenker, der auch innerlich zu der abweichenden Auffassung steht.
    Vgl. Teil II, Kapitel 14: *Der Geschworene Nr. 8* – Von Zombies lernen

3. Auswertung

Wie viele Fragen haben Sie richtig beantwortet?

0 bis 3 Antworten

Haben Sie das Buch gelesen? Ha, erwischt! Noch nicht mal überflogen haben Sie es, sondern einfach mal locker flockig den Test mitgemacht. Das konnte ja nicht gut gehen. Also dann wünsche ich Ihnen viel Vergnügen beim Lesen!

4 bis 7 Antworten

Der Grundstein ist gelegt. Sie haben das Buch gelesen und die Grundsätze der Entscheidung verstanden. Lesen Sie noch einmal die Kapitel der Antworten, die Sie nicht gewusst haben.

8 bis 11 Antworten

Sehr gut! Sie sind kein Neuling mehr, sondern kennen sich mit dem Entscheidungsprozess gut aus! Sehen Sie sich die Kapitel und Ihre Vermerke zu den Antworten, die Sie nicht gewusst haben, nochmals an. Und beginnen Sie, das Gelernte in Ihren Alltag einzubinden. Sie werden schnell feststellen, dass Sie bewusster, sicherer und effizienter entscheiden!

12 bis 14 Antworten

Ich liebe es, mit Profis zu arbeiten! Ein ausgezeichnetes Ergebnis! Wenn Sie Ihr hervorragendes Wissen praktisch anwenden, steht Ihren Entscheidungen nichts mehr im Weg. Sie sind ein Entscheider!

Nachweise

1 Für Angehörige dieser Berufsgruppen ist Kapitel 12: *Bauchgefühl, der sechste Sinn oder Intuition?* von besonderem Interesse.

2 Und falls Sie den zweiten Satz mit »sollten« ergänzt haben, sieht es auch nicht viel besser aus. Der Jurist sagt: Soll ist muss, wenn kann.

3 Tilman Betsch, Joachim Funke, Henning Plessner: *Denken – Urteilen Entscheiden Problemlösen*, Berlin 2011, S. 68.

4 Dan Ariely: *Denken hilft zwar, nützt aber nichts – Warum wir immer wieder unvernünftige Entscheidungen treffen,* München 2015, S. 197 ff.

5 Vgl. Henning Beck*: Irren ist nützlich – Warum die Schwächen des Gehirns unsere Stärken sind*, München 2017, S. 190 f.

6 mobil.stern.de, 03.02.2018, »Größere Auswahl – warum Aldi das Sortiment erweitert«.

7 »Medical Decision Making in Situations That Offer Multiple Alternatives«, JAMA, 25.01.1995, 273, Nr. 4, S. 302 ff.

8 amp.wiwo.de, 22.08.2006, Michael Frese im Interview »Wunderbares Rohmaterial«.

9 Jürgen Schaefer: *Lob des Irrtums – Warum es ohne Fehler keinen Fortschritt gibt*, München 2014, S. 182.

10 Vgl. Henning Beck: *Irren ist nützlich – Warum die Schwächen des Gehirns unsere Stärken sind*, München 2017, S. 295.

11 Thorsten Schleif: *Urteil: Ungerecht – Ein Richter deckt auf, warum unsere Justiz versagt*, München 2019, S. 124 f.

12 Eine zum Verwechseln ähnliche Geschichte eines chinesischen Bauern kursiert seit Jahren im Internet zum Thema Glück. Nach meinen Recherchen sind diese beiden Bauern tatsächlich miteinander verwandt. Der Entscheidungs-Bauer ist ein Vetter zweiten Grades mütterlicherseits des Glücks-Bauern. Sein Dorf befindet sich etwa zwölf Meilen südwestlich vom Dorf des Glücks-Bauern entfernt.

13 Rolf Dobelli: *Die Kunst des klaren Denkens*, München 2011, S. 83.

14 Richard J. Gerrig, Philip G. Zimbardo: *Psychologie*, München 2008, S. 321.

15 Roy Baumeister, John Tierney: *Die Macht der Disziplin*, Frankfurt a. M., 2012, S. 33.

16 Ebenda, S. 61.

17 Ebenda, S. 110 f.

18 Ebenda, S. 152 f.

19 Darum gibt es in vielen Gerichten den Ausdruck »Fensterbrettakte« für eine Akte, die schon längst hätte bearbeitet werden sollen.

20 Ebenda, S. 98 ff.

21 Reinhard K. Sprenger: *Die Entscheidung liegt bei dir! Wege aus der alltäglichen Unzufriedenheit*, 14. Auflage, Frankfurt a. M. 2010, S. 47.

22 Die jüngste Hirnforschung hat sogar Anhaltspunkte dafür gefunden, dass unser menschliches Kleinhirn vielleicht auch Denkaufgaben übernimmt.

23 Walter Mischel: *Der Marshmallow-Test*, München 2015, S. 63.

24 Ebenda, S. 64.

25 Daniel Kahneman: *Schnelles Denken, langsames Denken*, München 2012, S. 33.
26 John Bargh: *Vor dem Denken – Wie das Unbewusste uns steuert*, München 2018, S. 53.
27 Walter Mischel: *Der Marshmallow-Test*, a. a. O., S. 64.
28 Dean Buonomano: *Brain Bugs – Die Denkfehler unseres Gehirns*, Bern 2012, S. 255.
29 Tilman Betsch, Joachim Funke, Henning Plessner: *Denken – Urteilen Entscheiden Problemlösen*, a. a. O., S. 91.
30 Rolf Dobelli: *Die Kunst des klugen Denkens*, a. a. O., S. 134.
31 »Capta evis est melior, quam mille in gramine ruris« – ein gefangener Vogel ist besser als 1000 im Gras hüpfende.
32 Ein entsprechendes Video finden Sie übrigens auf YouTube.
33 Christopher Chabris, Daniel Simons: *Der unsichtbare Gorilla*, München 2011, S. 18.
34 Dan Ariely: *Denken hilft zwar, nützt aber nichts*, a. a. O., S. 149.
35 Walter Mischel: *Der Marshmallow-Test*, a. a. O., S. 255.
36 Vgl. John Bargh: *Vor dem Denken – Wie das Unbewusste uns steuert*, a. a. O., S. 144.
37 Dieses Wechselspiel zwischen Körper und Gefühl wird übrigens in der Kognitionswissenschaft als Embodiment bezeichnet.
38 David McRaney: *Ich denke, also irre ich*, München 2012, S. 19.
39 John Bargh: *Vor dem Denken – Wie das Unbewusste uns steuert*, a. a. O., S. 140.
40 Ebenda, S. 127 f.

41 Daniel Kahneman: *Schnelles Denken, langsames Denken,* a. a. O., S. 77.
42 Maja Storch: *Das Geheimnis Kluger Entscheidungen – Von Bauchgefühl und Körpersignalen,* München 2011, S. 78.
43 Zu dieser Thematik siehe Christian Keysers: *Unser empathisches Gehirn – Warum wir verstehen, was andere fühlen,* München 2013.
44 Daniel Kahneman: *Schnelles Denken, langsames Denken,* a. a. O., S. 300.
45 Gerd Gigerenzer: *Bauchentscheidungen – Die Intelligenz des Unbewussten und die Macht der Intuition,* München 2007, S. 178 ff.
46 Das ist angesichts der entsprechenden Tabelle mit den 50 Wahrscheinlichkeiten leicht nachzuvollziehen.
47 Ebenda, S. 188.
48 Einen guten Überblick bieten Ihnen die Bücher von David McRaney, *Ich denke, also irre ich* (München 2012), und Rolf Dobelli, *Die Kunst des klaren Denkens* (München 2011).
49 Siehe dazu auch Daniel Kahneman: *Schnelles Denken, langsames Denken,* a. a. O., S. 247.
50 Rolf Dobelli: *Die Kunst des klaren Denkens,* a. a. O., S. 158.
51 Daniel Kahneman: *Schnelles Denken, langsames Denken,* a. a. O., S. 285.
52 Dass und weshalb gerade eine Personalentscheidung keine Situation ist, in welcher der eigenen Intuition blind vertraut werden sollte, wurde bereits erläutert, es fehlt an der zweiten Voraussetzung, der besonderen Eilbedürftigkeit der Entscheidung.
53 Rolf Dobelli: *Die Kunst des klaren Denkens,* a. a. O., S. 126.

54 Daniel Kahneman: *Schnelles Denken, langsames Denken*, a. a. O., S. 155.
55 Birte Englich: »Blind or Biased? Justitia's Susceptibility to Anchoring Effects in the Courtroom, Based on Given Numerical Representations«, in: *Law & Policy*, Oktober 2006, S. 497 ff.
56 § 258 Absatz 1 Strafprozessordnung: »Nach dem Schluss der Beweisaufnahme erhalten der Staatsanwalt und sodann der Angeklagte zu ihren Ausführungen und Anträgen das Wort.«
57 Rolf Dobelli: *Die Kunst des klugen Denkens*, a. a. O., S. 59.
58 David McRaney: *Ich denke, also irre ich*, a. a. O., S. 53.
59 Daniel Kahneman: *Schnelles Denken, langsames Denken*, a. a. O., S. 252.
60 Rolf Dobelli: *Die Kunst des klugen Denkens*, a. a. O., S. 59.
61 Richard E. Nisbett: *Einfach denken! – Wie wir alltägliche Denkfallen vermeiden und die richtigen Entscheidungen treffen*, Frankfurt a. M. 2015, S. 113.
62 Vgl. Dean Buonomano, *Brain Bugs – Die Denkfehler unseres Gehirns*, a. a. O., S. 115.
63 Ebenda, S. 117.
64 Vgl. dazu: Jürgen Schaefer: *Genie oder Spinner – Sind wir offen für Neues*, Köln 2011, S. 40.
65 Der Chirurg Ignaz Philipp Semmelweis (1818–1865) wies auf diese Ursache für das häufige und oft tödlich verlaufende Kindbettfieber hin, weshalb er zu seinen Lebzeiten von Kollegen abgelehnt und verlacht wurde. Später galt er als »Retter der Mütter«.

Über den Autor

Thorsten Schleif, 1980 geboren, studierte Rechtswissenschaften in Bonn und ist seit 2007 Richter in Nordrhein-Westfalen. Gegenwärtig ist er als Vorsitzender des Schöffengerichts und Jugendrichter am Amtsgericht Dinslaken tätig. Von März 2014 bis September 2018 war er alleiniger Haftrichter für die Amtsgerichte Dinslaken und Wesel. Der zweifache Vater lebt mit seiner Familie in Duisburg.